NALA Y DAMAYANTI

Nala y Damayanti

Edición de Francisco Rodríguez Adrados
Traducción de Francisco Rodríguez Adrados

CATEDRA
LETRAS UNIVERSALES

Letras Universales
Asesores: Carmen Codoñer, Javier Coy
Antonio López Eire, Emilio Náñez
Francisco Rico, María Teresa Zurdo

Diseño de cubierta: Diego Lara
Ilustración de cubierta: Dionisio Simón

INTRODUCCIÓN

I

El Mahabharata

Más que una epopeya con un autor y un desarrollo regular y unitario, el *Mahabharata* es un repertorio de toda la poesía popular y religiosa de la antigua India en torno a un núcleo que le da su nombre: «La gran epopeya de la lucha de los bharatas». Como en la *Ilíada*, los *Nibelungos* o la *Chanson de Roland*, el tema central es una lucha catastrófica para todo un pueblo. Se trata de la lucha fratricida de los bharatas, familia real del norte de la India, conocida ya por los *Vedas*. Son los descendientes de Bharata, el hijo de Duhsanta y Sakuntala; Kuru, uno de sus descendientes, logró la primacía dentro de la familia, y el nombre de kaurava, «descendiente de Kuru», vino a equivaler al de bharata. Una discordia en la familia de los kauravas hace surgir la lucha entre los pandavas o hijos de Pandu y sus primos, que por oposición reciben en el poema el nombre de kauravas. La lucha termina con la victoria de los pandavas y el aniquilamiento de casi todos los contendientes de uno y otro bando.

Este es el núcleo de la gran epopeya, y se ha hecho el intento de separarlo para reconstruirla en su forma primitiva; pero si bien el separar numerosos elementos tardíos es tarea bastante fácil, lo mezclada y alterada que está la tradición hace que un intento como el de Holz-mann *(Das Mahābhārata und seine Teile,* 4 vols., Kiel, 1892-5), que pretendió extraer de la epopeya transmitida la original, estuviera de antemano condenado a la arbitra-riedad y el fracaso. Porque no sólo la historia de la lucha fratricida, alterada con el tiempo, sino todo el repertorio de la primitiva épica india está recogido en este libro. Es más: la épica primitiva, con sus guerreros heroicos y ru-dos, ha pasado por el tamiz de los brahmanes, los doctos de la época, que se han afanado no sólo en moralizarla, sino también en utilizarla para sus propios fines, para lo que era apropiada por la gran difusión que alcanzaba en-tre las masas. Y así no es de extrañar que los pandavas, prototipos de moral durante la mayoría del poema —sobre todo el mayor, Yudhistira, llamado *dharmarāja,* «rey de justicia»—, se nos muestren en batalla como gue-rreros poco escrupulosos que deben a la traición la muer-te de sus más peligrosos rivales. Ni tampoco, frente a la idea de la superioridad del brahmán sobre el rey, dejan de verse restos de la antigua moral ksatriya, que traicionan la rivalidad entre brahmanes y guerreros y la efectiva so-beranía de éstos. Más elementos aún están integrados en el *Mahabharata,* y merece la pena una breve revista. Los purohitas, sacerdotes de los reyes, menos letrados que los brahmanes y que tomaron a su cargo los templos de luga-res sagrados dedicados con frecuencia a divinidades post-védicas, sobre todo Visnú y Siva, hicieron entrar en la epopeya las leyendas relativas a ellos.

Así se formó un todo heterogéneo en que a veces pre-dominan los dioses védicos, a veces las tendencias que conducirán al hinduismo, mientras que en otras ocasio-nes se dejan ver las especulaciones teológicas y místicas de los brahmanes. Y junto a estas vetas hay todavía otra de suma importancia: la de los ascetas solitarios del bos-que que dejan la traza de sus manos en la glorificación del renunciamiento, del amor a todos los seres, y en las fábulas y narraciones morales. La moral de los brahmanes y la de los ascetas se contraponen a veces con claridad.

El conjunto se completa con las partes políticas, filosóficas y jurídicas, que tampoco muestran una gran unidad; todos los sistemas brahmánicos (*samkhya, yoga, vedanta*), están representados.

Expuesto así de una manera general el contenido del *Mahabharata,* el lector occidental no concibe cómo los indios han creído que este poema de más de 100.000 zlokas (estrofa de dos versos de 16 sílabas), equivalente a unos 260.000 hexámetros, es una obra unitaria original del sabio Vyasa. El ritmo monótono y periódico de los zlokas, hecho para las largas recitaciones públicas, arrastra de cuando en cuando leyendas o momentos destacados en que se eleva a cimas de belleza; luego vuelve a caer y se suceden las lentas discusiones carentes del más mínimo sentido dramático y que sólo se interrumpen por las acotaciones en prosa: «Yudhisthira dijo, Dhristarastra dijo», etcétera. La acción principal se estanca o se pierde con historias ligadas por un hilo a la narración principal. Y sin embargo hay pocas obras que representen más acabadamente el espíritu indio.

Los innumerables episodios enmarcados dentro de otros, aun a costa de romper el hilo de la epopeya, son hijos del mismo temperamento artístico que produjo el *Panchatantra.* Pertenecientes al poema originario —si podemos usar esta expresión— o introducidos después, en todo caso muestran la misma falta de sentido dramático, la misma delectación por la narración verbosa, que se prolonga interminable. Es el sentido antihistórico del pensamiento indio el que hace que un poema semejante sea atribuido todo entero a un personaje que se coloca en la más remota antigüedad y se relaciona con los personajes del mito.

Krisna Dvaipayana Vyasa, nacido milagrosamente en una isla (de ahí Dvaipayana), es abuelo de los propios protagonistas del epos, pandavas y kauravas: nacido de Satyavadi, esposa del rey Zantanu, antes de que se casara con éste, es llamado por la ley del levirato, al morir el hijo del matrimonio, Vicitravirya, sin descendencia, para que se la procure. Es un asceta solitario y de horrible aspecto: casi negro (de ahí el nombre de Krisna), lleno de barba y cabello, de aliento maloliente, tanto que al verle las mujeres de Vicitravirya se horrorizaban y una de ellas cierra los ojos, por lo que su hijo nace ciego (Dhritaras-tra, «el ciego»), y la otra palidece, naciendo su hijo pálido (Pandu, «el pálido»). Todo esto lo cuenta el propio *Mahabharata*. Este mismo sabio pasa por compilador del Veda (de ahí el nombre de Vyasa) y redactor de los Brah-manas, e interviene varias veces en la acción de nuestra epopeya; su poder es tan grande que hace a un hombre invisible en la gran batalla. Es una personificación de aquellos míticos rsis de la edad heroica; sus nombres es-tán tomados de las circunstancias de su leyenda. En el comienzo del poema se nos dice cómo Vyasa se lo contó a su discípulo Vaisampayana después de la muerte de los pandavas, y cómo a su vez éste lo contó en los interme-dios del gran sacrificio de las serpientes, celebrado por el rey Janamejaya, nieto de Arjuna, uno de los pandavas.

Es en realidad esa falta de interés por el resalte de la personalidad del autor que aparece en los comienzos de las literaturas, lo que ha hecho posible la inclusión en la primitiva materia épica de tantos elementos adventicios. Pero hay algo más: con sus recuerdos heroicos de tipo netamente popular, el *Mahabharata* llegó a ser una enci-clopedia de toda la leyenda, la religión, la moral y las ideas de la India antigua. Este pueblo, carente de nuestro afán occidental de considerar la obra literaria como un todo que tiende derecho hacia un fin, vio allí algo más importante, unitario también a su manera: el espejo de toda su cultura. En este sentido el *Mahabharata* es una obra intangible por la crítica y digna de ser atribuida a un personaje de un pasado legendario. No es sólo una obra de poesía *(kāvya)*, sino también tradición sagrada *(smrti)*, es un libro didáctico *(sāstra* de religión, filosofía, derecho y moral. Desde hace mil quinientos años es una obra sumamente popular en la India, no sólo como libro de entretenimiento, sino también de edificación. El concepto que sobre esta obra, universal y una para ellos, se ha formado el pueblo indio, queda reflejado en estas palabras del comienzo de la misma:

Como la mantequilla entre todos los productos de la leche, los brahmanes entre los arios, los aranyakas entre los vedas, el licor de inmortalidad entre las medicinas y la vaca entre los cuadrúpedos son lo mejor, así el *Mahabharata* es la mejor de todas las obras narrativas.

Al que lo ha oído una vez, no le agrada oír ninguna otra cosa; como al que ha oído el cuco, no le gusta la ronca voz de la corneja.

De esta narración, excelente entre todas, salen los pensamientos de los poetas, como los tres mundos de los cinco elementos.

Igual mérito alcanzan el que regala cien vacas de cuernos dorados a un brahmán sabio, conocedor de los vedas, y el que oye diariamente las santas narraciones del Mahabharata.

Es la sentencia de la victoria este poema: un rey que desea triunfar, óigalo, y conquistará la tierra y vencerá a sus enemigos.

Este es un libro sagrado de la moral, es el mejor manual para la vida práctica, y también como libro de instrucción para la Liberación ha sido compuesto por Vyasa, el inconmensurablemente sabio.

Cualquier pecado de hecho, palabra o pensamiento se borra cuando se ha oído este poema.

En tres años el asceta Krisna Dvaipayana ha redactado esta maravillosa narración, concentrándose espiritualmente cada día. Lo que hay en este libro concerniente a la moral, a la vida práctica, al disfrute de los sentidos y a la Liberación, no lo hay en ninguna parte: lo que aquí no está, no lo hay en ningún sitio del mundo.

El inmenso y abigarrado poema que hoy poseemos es aproximadamente el mismo que debía ya existir en el siglo IV d. de C. Hacia el siglo IV se hacían ya lecturas públicas del mismo en las solemnidades religiosas, como hoy día, y es, por tanto, probable que comprendiera ya la gran mayoría de los elementos no épicos, que son los que más interesan para estos fines. El poema se nos ha transmitido distribuido en 18 parvans o libros de una extensión muy variable, y presenta grandes divergencias según los manuscritos, distinguiéndose sobre todo una versión del Norte y otra del Sur. Una verdadera edición crítica no ha existido hasta la emprendida en la India a partir de 1927 por varios sanscritistas bajo la dirección de V. S. Suhthankar. En cuanto a la fecha que podemos sentar para el comienzo de la redacción del poema, puede postularse el siglo IV a. de C.: los *Vedas* aun no lo conocen y los primeros documentos budistas tampoco, pues sólo hay algunas referencias más que dudosas. Entre estas dos fechas tenemos que sentar un desarrollo gradual de un primitivo núcleo épico creado por los *sutas* o rapsodos al servicio de los reyes, que al mismo tiempo conducen su carro y les acompañan a la guerra, cantando luego sus proezas, genealogía, etcétera. En un momento dado debe de haber habido entre los diversos elementos una cierta unidad, bajo la inspiración de un cantor destacado, pero luego se ha producido una diversificación de elementos con influencias brahmánicas y de otros tipos. Se detectan incluso pasajes del *Ramayana,* que fue compuesto durante el largo periodo de evolución del *Mahabharata* antes de tomar su forma definitiva.

Aun el núcleo mismo del poema no está libre de contradicciones y señales de refundiciones y manos diversas: la lengua, el estilo y la métrica subrayan el mismo hecho. Pero nos hallamos sin duda ninguna ante una poesía de carácter puramente popular y primitivo, hasta el punto de que se ha llegado a pensar que nuestro texto es una traducción al sánscrito con refundición brahmánica de una obra escrita en una lengua prácrita, ya que estas lenguas eran las habladas por el pueblo en esta época, como lo demuestra el que en ellas redactara el rey Azoka sus edictos (siglo III a. C.). Elementos comparables a otras epopeyas primitivas se encuentran, en efecto, en el *Mahabharata:* la amplitud épica, que relata lentamente con toda clase de detalles ciertas partes de la acción a veces de interés secundario, las numerosas comparaciones con cosas de la naturaleza, los caracteres de los personajes que nos sumergen en un mundo medieval, con sus guerreros heroicos y firmes frente a la figura del traidor, los sacerdotes siempre sabios y santos, las mujeres fieles al marido. Y encontramos batallas sangrientas, rasgos míticos de monstruos y hechos portentosos, discursos y lentas discusiones, frases hechas repetidas cien veces, genealogías de los protagonistas y los rasgos característicos de toda la literatura india: la constante exageración que eleva a millones los combatientes en las batallas, multiplica a alturas casi divinas las fuerzas de los héroes y hace intervenir sin cesar el elemento maravilloso; el lirismo que se eleva de repente entre cuadros de destrucción y ruina o en medio de largos y monótonos pasajes llenos de ese verbalismo de que tanto gusta y del que abusa con frecuencia la literatura india; y la infinitud de las peripecias que les ocurren a los héroes y se prolongan lentamente, como si se perdiera toda idea de un fin del relato y sólo se contara por el placer de contar, y en las que hemos de ver un espíritu novelístico que se aleja con frecuencia de lo épico para acercarse a los relatos de los puranas —que, efectivamente, son antecedentes del epos— o de las colecciones de fábulas.

Este todo ha debido vivir mucho tiempo en los labios de los cantores, capaces de repetir relatos interminables, antes de fijarse por escrito. El núcleo de la epopeya, la lucha entre pandavas y kauravas en Kuruksetra, con el cambio de manos de la dinastía, es con toda probabilidad un suceso histórico, aunque no tenemos más testimonio que el *Mahabharata*. La familia de los kauravas y algunos de sus miembros son citados en fuentes anteriores al poema; no así los pandavas, aunque sí sus descendientes Pariksit y Janamejaya, que también figuran en el poema. De cómo es desarrollado este motivo probablemente histórico, dará una idea el siguiente resumen:

A la muerte de Pandu, rey de Hastinapura, le sucede su hermano Dhritarastra que, aunque mayor de edad, había cedido a aquél el trono por ser ciego. En su corte son recogidos los pandavas, hijos de Pandu y de sus dos mujeres: Yudhisthira, Arjuna y Bhima de Kunti, y Nakula y Sahadeva de Madri; según un relato de origen tardío inserto en el poema, son hijos no de Pandu, sino en realidad de cinco dioses. Entre los pandavas y sus primos los kauravas, hijos de Dhritarastra, surgen rivalidades, pues aquéllos vencen en los juegos y son superiores en todo. Cuando Yudhisthira es elegido por Dhristarastra para sucederle, Duryodhana y Duzzasana, los mayores de los kauravas, y su amigo Karna, urden un complot para incendiar la casa de los pandavas cuando estén dentro; pero ellos logran escapar, creyéndose que han muerto. Siguen las aventuras de los pandavas en el bosque, matando Bhima al raksasa Hidimba, que les quería devorar, así como a otro demonio que comía periódicamente a un habitante de la ciudad en que se alojan, salvando así a la familia del brahmán que les hospeda, a la que tocaba dar uno de sus miembros para contentar al gigante. Luego los pandavas, siempre disfrazados, se presentan al concurso de arco para obtener la mano de la princesa Draupadi, obteniéndola Arjuna. Draupadi pasa a ser esposa de los cinco, según una antigua costumbre que recoge el poema. Los pandavas, fortalecidos por esta alianza, se descubren, y sus primos tienen que darles la mitad del reino, con Indraprastha por capital. Arjuna se destierra por doce años por haber incumplido involuntariamente uno de los acuerdos que hicieron los cinco hermanos al casarse; sus aventuras son contadas minuciosamente. En tanto Yudhisthira conquista el mundo y hace el sacrificio de la coronación; los kauravas, invitados, sufren algunas humillaciones en un palacio mágico que poseen los pandavas y deciden vengarse. Yudhisthira es retado a jugar a los dados por Zakuni, tío de Duryodhana, gran jugador, y pierde las riquezas, el reino e incluso a sí mismo, sus hermanos y su mujer. Interviene Dhritarastra y todo queda como antes, pero obedeciendo a las condiciones de un segundo juego, que pierde Yudhisthira, los pandavas tienen que desterrarse doce años a la selva y vivir uno más de incógnito en un reino. Sigue la vida en la selva con sus múltiples aventuras fantásticas: Bhima logra la flor de loto celeste, Arjuna armas invencibles que le dan los dioses y vive tres años en el cielo, etc. El año decimotercero lo pasan disfrazados en la corte del rey Virata, y derrotan al ejército de los kauravas, que invade aquel reino. Acabado el destierro, intentan una paz, pero la obstrucción de Duryodhana ocasiona la terrible batalla de 18 días en que son vencidos los kauravas, quedando solamente tres vivos, que a su vez matan por sorpresa al ejército enemigo dormido, excepto los cinco pandavas. Todos los héroes de los kauravas perecen por traición; como es evidente que la batalla de Kuruksetra es lo más antiguo de la epopeya, tal vez provenga su relación de un punto de vista contrario al del resto de la obra, que es favorable a los pandavas. Pero más fácilmente se trata en el resto de ella de retoques brahmánicos de tipo moral sobre el carácter de los pandavas, ya que a través de todo el poema los kauravas no son tampoco censurados sistemáticamente, sino que se alaba a Bhisma y Vidura, Dhritarastra es solamente tachado de debilidad, y Karna y otros héroes son siempre valientes. Viene a continuación la descripción del campo de batalla, con la lamentación de Gandhari, esposa de Dhritarastra, que es uno de los momentos más elevados de la epopeya. Los pandavas hacen el sacrificio del caballo para librarse de los pecados de la batalla y rigen su reino hasta que alcanzan llegar al mundo de Indra.

El solo resumen del argumento deja ver las grandes posibilidades de engarzar tradiciones épicas diferentes de la de los pandavas en las múltiples aventuras y viajes de éstos; como elementos épicos primitivos hay que mencionar sobre todo los relatos sobre los antepasados de los héroes, y los múltiples episodios unidos artificialmente a la acción principal, entre los que destaca el de Nala, del que luego hablaremos.

Para acabar este bosquejo, falta dar una idea de los demás elementos que componen nuestro *Mahabharata*. El primero es el de los mitos y leyendas de origen brahmánico. Algunos son relatos que tienden a exaltar a los brahmanes y el deber de darles limosnas. Otros son poéticas narraciones como alguna que citamos luego a propósito de la de Nala. Hay también relatos o diálogos de carácter moral que se entrelazan con los de tipo ascético. Vemos al rey Zibi que para arrebatar a un halcón la vida de una paloma que ha buscado refugio en él, le da a cambio un peso igual de su carne y como ésta no llega a inclinar la balanza, su propia vida. Allí está el apólogo del hombre colgado de las lianas de la pared de un pozo situado en un bosque lleno de fieras y con un monstruo en el fondo. Los ratones roen las lianas y en el borde hay un elefante de seis cabezas y doce patas: es el hombre metido en el círculo de las existencias, colgado de la vida que roe el tiempo, con la muerte a los pies, mientras el elefante representa el año de seis estaciones y doce meses. En otro lugar el rey Janaka de Videka dice: «Infinita es mi riqueza porque nada poseo; aunque Mithila mi capital ardiera, no ardería nada que fuese mío.» O vemos cómo es superior el mérito del tendero que no hace mal a ningún ser que el del asceta que permanece inmóvil hasta que las crías de los pájaros que han anidado en su cabeza nacen y vuelan. Con estas narraciones se enlazan otras en que intervienen animales y que constituyen verdaderas fábulas de tendencia moral.

Por fin, como ya se ha dicho, los pasajes filosóficos, políticos y jurídicos, son extensos. Los más de ellos son pasajes en los los personajes deliberan largamente sobre lo que han de hacer. Otras veces son respuestas a preguntas que propone un hombre o un genio: la literatura de adivinanzas está cerca. El episodio filosófico más famoso es la *Bhagavad Gītā:* al comenzar la batalla de Kuruksetra, Arjuna siente horror de luchar con sus parientes y su auriga Krisna, rey primo suyo que aquí se transfigura en un dios, le instruye largamente sobre los fundamentos filosóficos de la licitud y necesidad de la acción. Los libros XII y XIII —diálogos entre Yudhisthira y Bhisma, que cayó como jefe de los kauravas, pero tiene la facultad de prolongar su muerte— contienen doctrina jurídica y política que se aleja considerablemente del tono normal de la epopeya y se acerca a los tratados doctrinales.

Hecho el análisis de los elementos que componen el *Mahabharata* dentro de lo que tiene de unidad, nos queda por estudiar más en detalle el objeto de la presente traducción, que es uno de los episodios más famosos del poema: la historia de Nala.

II

EL EPISODIO DE NALA

EL *Nalopakhyāna* o historia de Nala es un episodio del canto III de nuestra epopeya, titulado *vanaparvam*, «libro de la selva», al que está unido de un modo tan flojo como acostumbrado. Cuando Yudhisthira, vencido en el juego de dados, se retira con sus hermanos y Draupadi a la selva donde han de permanecer doce años, se presenta a consolarlos el Rsi Vrihadazva, ante quien Yudhisthira se queja de ser el rey más infortunado de la tierra. El sabio le cuenta la historia de Nala para animarle con lo sucedido a un rey que sufrió su misma desgracia y volvió a recuperar su antigua fortuna. Es este un medio para enlazar historias extrañas que se repite con frecuencia en el *Mahabharata;* en este mismo libro hay varias historias destinadas a aliviar a los pandavas del dolor que les produjo el robo de Draupadi por el rey Jayadratha. En la presente ocasión a Yudhisthira, arruinado por el juego de dados, se le presenta un exacto paralelo: el rey Nala de los nisadhas que derrotado a los dados por su hermano Puskara por venganza de Kali, demonio del dado que pierde, se destierra al bosque, hasta que alcanza, tras varias aventuras, la recuperación del reino. A todo lo largo del relato de Vrihadazva, Yudhisthira es interpelado con las palabras «oh kaurava», «oh rey», etc.

Lo que interesa en esta historia, más que el motivo que la hace apropiada para consuelo de Yudhisthira, es el tema alrededor del cual gira en realidad el relato: el amor conyugal, representado por Damayanti, la esposa de Nala, que le acompaña voluntariamente al destierro y abandonada por él, cegado por Kali, gime incesantemente hasta que llega a su casa y desde allí organiza la busca de Nala, que al fin, vencido Kali por sus méritos religiosos, aparece.

Este motivo de la fidelidad de la mujer al marido, es uno de los más frecuentes en la poesía india y de los que mejores momentos le han dado. Los teóricos, como el llamado código de Manu *(Manavadharmasāstra)* fijan la esencia de los deberes de la mujer en la dependencia de un marido (Manu, V 146-166). Según este mismo manual de leyes, que es el que mayor divulgación ha logrado, la mujer vive siempre sujeta a alguien: en la niñez al padre, en la juventud al marido, en la vejez al hijo (Manu, XI 1). El caso de Gargi interviniendo en las conversaciones filosóficas del *Brhadāranyaka Upanisad* y de alguna otra mujer semejante, parece excepcional, como lo era en la antigua Grecia. Hay una organización familiar muy fuerte, basada en el culto de los antepasados, y desde muy antiguo está mal visto el matrimonio de las viudas —aun cuando a veces el matrimonio se haya celebrado siendo niños los contrayentes y el marido haya muerto a los cuatro o cinco años— y ya en el *Atharvaveda* (tardío por lo demás) se recomienda el suicidio de las viudas. A la misma orientación responde el ideal de la fidelidad de la esposa durante la vida del marido, que ha dado el tema para una de las dos epopeyas sánscritas: el *Ramayana,* en el que se cuenta el rapto de Sita, esposa de Rama, por el demonio Ravana, su fidelidad a aquél, y su heroica liberación. Sin insistir sobre el argumento de esta epopeya, suficientemente conocido, resumiremos brevemente dos episodios del *Mahabharata*, que lo mismo que el de Nala resaltan un motivo semejante.

Uno de ellos es el de Cyavana y Sukanya. El asceta Cyavana ha guardado la inmovilidad tanto tiempo, acostado en tierra, que las hormigas han amontonado sobre él la tierra, en la que ha crecido hierba. Sólo se ve el resplandor de los ojos, y Sukanya (la bella joven), que pasa con su padre el rey Zarnati, que va al frente de un ejército, los toma por luciérnagas y se entretiene en atravesarlos con una espina. El asceta maldice al ejército del rey y sólo a cambio de la mano de Sukanya consiente en retirar la maldición. Ella vive con él en la soledad como esposa fiel.

Un día se le presentan los dos Azvini, los gemelos celestes, y le piden en vano su amor.

Entonces dijeron: Somos los hábiles médicos de los dioses, daremos a tu esposo la juventud y la belleza y luego elegirás entre él y nosotros al esposo que quieras. Anuncia, hermosa, a tu marido, lo que te proponemos. Dócil, fue ante el hijo de Bhrigu y le repitió lo que los dioses le dijeron, y al oírla Cyavana dijo: consiento. Los dos dioses dijeron a la princesa: que tu marido se sumerja en el agua. Y los dos Azvini entraron con él en el lago. Y al instante salieron los tres, divinamente bellos, jóvenes, con pedrerías resplandecientes, y su vista alegraba el corazón. Los tres dijeron: elige a uno de nosotros, hermosa, graciosa y bella mujer, al que desees, al que amarás. Ella, al verlos iguales, quedó muda y pensativa. Al fin, guiada por su corazón, eligió a su marido.

Más conmovedor aún que este episodio —de cuyo final damos la traducción íntegra— es el de Satyavat (el verídico) y Savitri.

El sabio divino Narada hace saber a Savitri que Satyavat, rey destronado, debe morir dentro de un año; a pesar de ello lo elige por esposo. Al llegar el día fatal ella no consiente en dejarle ir solo al bosque a cortar leña, sino que le acompaña. Satyavat se siente desfallecer y queda adormecido en su regazo. Entonces aparece una figura majestuosa, cubierta con un manto rojo: es Yama, el dios de la muerte y al mismo tiempo de la justicia, que saca del cuerpo de Satyavat el alma —una pequeña figura del tamaño del pulgar— y se aleja con ella. Savitri le sigue incansable, sin hacer caso de las amonestaciones del dios. Sus sentencias, que encierran la ciencia brahmánica de la sabiduría, una con la bondad y el amor, deleitan tanto al dios que le concede una gracia que no sea la vida de su esposo. Esto se repite varias veces y cuando en una de ellas el dios se olvida de poner la condición, ella pide la vida de su esposo. Concedida por el dios, recobra el reino y ella tiene cien hijos, conforme a lo que antes le había otorgado Yama.

Este ideal de esposa, tal vez más épico que brahmánico en lo que tiene de voluntad de acción —es semejante al de Kunti, Draupadi o Vidula en la epopeya—, alcanza su máximo relieve en la figura de Damayanti, que es tratada con mayor detenimiento que las de Sukanya y Savitri. El episodio de Nala es todo un pequeño poema de un millar de zlokas y probablemente de lo más antiguo del Mahabharata. El nombre del héroe es antiguo, pues *Nala Naisadha* es sin duda el *Nada Naisidha* citado en el *Zatapatha Brahmana* como un rey poderoso que «lleva diariamente hacia el sur al dios de la muerte», esto es, que hace expediciones guerreras hacia el Sur. Por otra parte, el lenguaje y estilo sencillo, faltan casi los *alamkaras* o adornos retóricos tan frecuentes en la poesía artística; el tono es marcadamente popular, a veces de cuento, y siempre sencillo y tanto más emotivo. Los dioses que cita son casi exclusivamente védicos y faltan las alusiones a los cultos de Visnu y Siva, frecuentes en otras partes del Mahabharata. Las costumbres son sencillas, y la cultura a que se refiere, antigua. Todo indica que nos encontramos ante un antiguo ejemplo de la poesía épica india, procedente del repertorio de los *sutas;* todas las cualidades del *Marabharata* y del epos indio en general se hallan reunidas y desaparecen los defectos provenientes de la multiplicidad de manos y falta de unidad. Vemos, en efecto, las extensas descripciones a la manera épica, cortadas con frecuencia en momento oportuno por una concisión en los detalles narrativos sin importancia que no siempre se encuentra en la epopeya india: así la entrada de Nala en Ayodhya o la llegada de la caravana al país de Cedi (libros XV y XVIII respectivamente); el estilo épico en las repeticiones, que nos recuerdan las de la *Ilíada,* por ejemplo, en la repetición literal en dos ocasiones del mensaje de Damayanti a Nala, por intermedio del brahmán Parnada, y la respuesta de éste; la falta de urgencia dramática, tan característica, que a veces nos hace parecer la acción demasiado lenta; el gusto por lo novelesco y lo sobrenatural, etc. Pero sobre todo lo que destaca en el episodio de Nala y lo que le ha hecho más conocido es el lirismo, raro, pero existente en la literatura más antigua de la India. Lo que en otras partes de la epopeya es solamente aludido o dejado entrever, aquí está continuamente ante nuestros ojos, y la pintura del amor alcanza matices semejantes a los de Kalidasa. Toda esta unión de elementos armonizada con los recursos de la poesía india más sencilla: compuestos más bien tradicionales y no excesivamente largos, comparaciones con cosas de la naturaleza, algún toque de ironía popular —como la llegada de Kali al primer *svayamvara* de Damayanti o de Rituparna al segundo— forma un conjunto que ha producido en Europa, desde que fue conocido, la más honda impresión, disimulando los dos factores que más alejan al episodio y tal vez a todas la literatura india del gusto moderno: falta de sentido dramático, por la acentuación de las aventuras mismas de los personajes tanto como del desenlace, y falta de carácter personal de los protagonistas que son prototipos medio ideales, medio tradicionales.

La historia de Nala fue dada a conocer en Europa por primera vez en 1819 por Franz Bopp, el iniciador del estudio científico del sánscrito y de las lenguas indoeuropeas en general. Al texto sánscrito acompañaba una traducción latina, por la que pronto se extendió la fama de nuestro episodio, contándose entre sus primeros admiradores A. W. von Schlegel y el poeta Rükert, que lo tradujo. Desde entonces se han multiplicado las traducciones en todas las lenguas cultas, lo que hace resaltar más la falta de una traducción directa española*. En la India el episodio de Nala y Damayanti es de lo más admirado del *Mahabharata*, y el tema ha sido tratado muchas veces en sánscrito (así en el poema *Nalodaya*, atribuido a Kalidasa), en lenguas indoeuropeas más recientes y en tamil.

* Sólo tengo noticia en español de una traducción de la versión inglesa del Revdo. Henry Hart Milman, por Daniel M.ª Bruses (en *Breviario de la novela de amor*, ediciones Zodíaco, Barcelona, 1942). El tema general está un tanto modernizado (lo que en gran parte debe provenir de la versión inglesa) en lo que respecta a estilo y lenguaje así como a las denominaciones que pudiéramos llamar técnicas, así trasgos (por pizacas), Damana el adivino, etc. Otras veces se pega a la letra de la versión inglesa y dice «de Virasena poderoso hijo», o corta la frase injustificadamente. Hay también errores o equívocos: «alta Vidarba», «de la raza de Yaksa», «esclavos... doncellas», todo ello al comienzo. Con todo, es en general bastante aceptable, dado su carácter de traducción indirecta.

Existe también un bonito resumen de este episodio en la obra *Flor de Leyenda*, de Alejandro Casona.

III

LA PRESENTE TRADUCCIÓN

Aun siendo mi propósito ofrecer una traducción que presente el máximo de autenticidad literaria, hay que reconocer de antemano que la gran diferencia de estructura de la frase en sánscrito y en lenguas como la nuestra, hace que sea difícil reproducir en una traducción el estilo original. Una traducción que pretenda lograr un castellano normal hace necesarias infinidad de transposiciones y cortes de frases que borran muchos matices: la frase sánscrita, larga, sintética, avanza sin interrupción, mientras que la nuestra es analítica y avanza por partes unidas por medio de conjunciones y partículas abundantes. La descomposición de las palabras compuestas nos lleva a detalles engorrosos que interrumpen la frase. Los numerosos participios han de ser puestos en forma personal, la voz pasiva, que predomina, en activa: en resumen, hay un cambio de medios de expresión demasiado fundamental para que no se resienta y altere el sentido íntimo de un texto poético. A esto se añade el hecho de que siendo el sánscrito clásico en gran medida una lengua erudita y artificial, y, aun sin llegar a esto, por sus tendencias en el desarrollo del vocabulario, hay muchos conceptos que se expresan con una gran cantidad de palabras que frecuentemente son compuestos de sentido propio que o requieren una nota explicativa o, de traducirse todos por el concepto común, ocasionan monotonía: así por poner un ejemplo entre mil, la multitud de palabras para «cazador» en un pasaje del presente episodio: *mṛgavyādhaḥ, vyādhaḥ, mṛgajivitaḥ, lubdhakaḥ, mṛgajivanaḥ.* He procurado traducir compuestos como algunos de éstos por su sentido como tales; pero nos encontramos con dificultades como que *dvijah* «nacido dos veces» lo mismo significa «miembro de las castas superiores» que «ave» o «diente», o que muchas veces no se ve el límite según el cual un compuesto conserva su sentido de tal o es un simple equivalente de otra palabra. Por otra parte, una traducción literal a veces choca con nuestro sentido literario, por ejemplo en las frecuentes repeticiones, que he conservado siempre que he podido, pero que en casos extremos no hay más remedio que eliminar: así, en nuestro episodio, cuando al final del capítulo V se dice: *raraksa vasusampūrnām vasudhām vasudhādhipa* «el rey de la que guarda los tesoros (la tierra) defendía a la que guarda los tesoros, llena de tesoros», donde, si bien *vasudhā* viene a ser un sinónimo de «tierra», la repetición por tres veces de *vasu* «tesoro, riqueza» es estilísticamente intencionada.

Con todo esto he querido hacer ver que una traducción literal en cuanto a las palabras mismas, no siempre es posible ni deseable; en cuanto a la frase, de lo dicho se deja ver que una traducción que la respetara escrupulosamente sería una serie de enigmas. Por ello he seguido un sistema intermedio, guardando todo lo posible la construcción del original, pero alejándome de ella con frecuencia por huir de la oscuridad. Estas explicaciones tienden a disculpar por una parte un posiblemente excesivo alejamiento de la construcción castellana, y por otro el no haberme podido ajustar más aún al texto original, método que a mi manera de ver es el único capaz de conservar algo del espíritu de una obra esencialmente lírica escrita en una lengua muy distante de la nuestra y en la que la expresión tiene una importancia superior a la acción misma.

He simplificado el sistema de transcripción de las palabras sánscritas —salvo en alguna cita literal en cursiva— para evitar tener que admitir signos extraños a nuestro alfabeto. Suprimo los signos de cantidad y la *s* al final del nominativo; transcribo la *r* vocálica por *ri*, las cerebrales por las dentales correspondientes, la nasal gutural por la nasal dentral, y la silbante palatal por *z*. La *a* de la desinencia de nominativo en los masculinos ha sido mantenida: tan sólo para evitar confusión entre los dos hijos de Nala (en sánscrito el nombre del niño acaba en *a* breve y el de la niña en *a* larga) les llamo Indraseno e Indrasena. Como excepción, he respetado la grafía comúnmente usada en algunas palabras que ya han pasado al dominio común: Visnú, Siva, etc. En cuanto a la pronunciación, hay que hacer notar que la *h* se aspira siempre, vaya sola o tras otra consonante, la *j* tiene el sonido de la *j* francesa o *g* italiana y la *c* la del grupo español *ch* (por tanto, el grupo *ch* en una palabra sánscrita suena como *ch* española seguida de una aspiración).

Las notas y el índice de nombres propios no tienen más pretensión que introducir al lector en lo más indispensable del círculo de ideas y circunstancias culturales del poema, con objeto de facilitar la comprensión de éste.

BIBLIOGRAFÍA

Además de la gran edición crítica del *Mahabharata* por V. S. Sukthankar y S. K. Belvalkar (Poona 1927 ss.), pueden verse la de W. Caland, *Savitri und Nala,* Utrecht 1917 y F. F. Schwarz, *Die Nala - Legende I und II,* Viena 1966 (parcial). De las más antiguas merecen citarse la de F. Bopp, *Nalus, Mahabharati Episodium* (con traducción latina, 3.ª ed., Berlín 1868; Kellner, C. H., *Das Lied vom Könige Nala,* Leipzig 1988; B. Liebich, *Sanskrit-Lesebuch,* Leipzig 1905; etc.

Entre los estudios especiales deben citarse:

GLASSENAPP, H. V., *Die Literaturen Indiens,* Stuttgart 1961.

JACOBIS, H., *Mahabharata. Inhaltsangabe, Index und Konkordanz,* Bonn 1903.

OLDENBERG, H., *Das Mahabharata. Seine Entstehung, sein Inhalt, seine Form,* Göttingen 1922.

RENOU, L., *Histoire de la Litterature Sanscrite,* París 1946.

RENOU, L.-FILLIOZAT, J., *L'Inde Classique,* París 1947.

SHARMA, E. P. M., *Elements of Poetry in the Mahabharata,* Berkeley-Los Angeles, 1964.

SUKTHANKAR, V.S., *The Nala-Episode and the Mahabharata,* en *Suhthankar Memorial Edition,* I, *Critical Studies in the Mahabharata,* Bombay, 1944-45.

WINTERNITZ, M., *Geschichte der Indischen Literatur* I, Leipzig 1908.

NALA Y DAMAYANTI

HISTORIA DEL REY NALA

Capítulo primero

Vrihadazva dijo:

Era un rey de nombre Nala, hijo de Virasena, robusto, dotado de virtudes deseables, bello, entendido en caballos. Estaba a la cabeza de los Indras de hombres[1], encima de todos como el señor de los dioses, y era semejante a Aditya por el esplendor. Era religioso, conocedor de los Vedas[2], valiente, señor del país de los nisadhas, amante de los dados[3], decidor de la verdad, gran jefe de un ejército completo[4], deseado por las mejores de las mujeres, noble, de sentidos domados[5], protector de sus súbditos, el mejor de los arqueros, a la vista como Manu mismo.

---

[1] Siendo Indra el rey de los dioses, «Indra de los hombres» será equivalente a «rey». Así «Indra de los elefantes» será «un gran elefante», etc.

[2] Los *Vedas*, el libro sagrado de la India, contienen la verdad absoluta, como se dice en el capítulo XII; su lectura santifica. Por ello, el conocimiento de los *Vedas* entra entre las excelencias de una persona.

[3] Los dados es el juego favorito de los héroes de la épica india. Es prohibido por Manu IX 221, pero como juego aristocrático parece estar permitido (XIV 20).

[4] La palabra sánscrita *aksauhin* designa un ejército completo, formado, según los teóricos, por 21.870 elefantes, otros tantos carros, 65.610 caballos y 109. 350 soldados de infantería.

[5] Expresión que sale varias veces a lo largo del episodio y que responde al ideal de la ascética india. En Manu I 27-89, los ksatriyas (ver nota 15) tienen como deberes «defender al pueblo, dar limosnas, hacer sacrificios, leer el *Veda* y no dejarse dominar por las cosas de los sentidos».

En aquella época vivía también entre los vidarbhas Bhima, de terrible heroísmo[6], valiente, dotado de todas las virtudes, deseoso de hijos[7] y sin hijos. Éste, para obtener descendencia, hizo en su oración un supremo esfuerzo, concentrándose bien: hasta él llego un *risi* de casta brahmánica[8], Damana por nombre, oh bharata. Damana, benevolente para él y su esposa, les hizo un regalo: una perla de niña, Damayanti, y tres nobles, muy gloriosos niños, Dama, Danta y Damana el vigoroso, dotados de todas las virtudes, terribles, de terrible heroísmo. Y Damayanti por su belleza, su esplendor, su dignidad, su fortuna y su atractivo, alcanzó gloria entre las gentes, la de la bella cintura. A ella, llegada la juventud, un ciento de esclavas y otro de amigas, todas espléndidamente ataviadas, la seguían, como a Zaci. Allí la hija de Bhima, embellecida por todos sus ornamentos, resplandecía en medio de sus amigas, la de miembros perfectos, como un relámpago. Bellísima, semejante a Zri la de los grandes ojos, ni entre los dioses ni entre los Yaksas había una hermosa semejante; y entre los hombres fue conocida entonces por primera vez una muchacha tal, turbadora del pensamiento de los mismos dioses, la hermosa. Y Nala, tigre

---

[6] Hay aquí una de las frecuentes repeticiones de palabras, en esta ocasión intraducible: Bhima significa «el terrible».

[7] El deseo de descendencia es muy fuerte entre los indios, y tiene un fundamento religioso en el culto a los antepasados que queda interrumpido si no se perpetúa la familia. Este culto es diario y obligatorio. En Manu VI 37, se dice que un brahmán que no haya leído el *Veda*, engendrado un hijo y hecho sacrificios, aunque le tocara ya llegar a la beatitud final, desciende a un lugar degradante.

[8] *Risi* significa, primitivamente, cantor de cantos sagrados, especialmente los cantores sacerdotales, a los que se atribuye la redacción del *Veda*. En tiempo posterior aparecen como los santos del pasado: el tiempo antiguo es el tiempo de los *risis* como en Grecia es el de los héroes. En la época histórica, *risi* viene a significar toda persona santa y sabia, especialmente los eremitas. Se distinguen tres clases de *risis*: *bhramarsis* (como aquí), *devarsis* y *rajarsis*, según sean de origen sacerdotal, divino o regio.

humano[9], incomparable entre las gentes sobre la tierra, era por su belleza el mismo Kandarpa en forma corpórea.

En presencia de ella gustaban de ensalzar a Nala, y en presencia del nisadha a Damayanti una y otra vez. En ellos, que oían cien veces uno las virtudes del otro, nació, sin que se conocieran, un amor recíproco, oh Kaunteya, y este amor creció. Nala, no pudiendo ya soportar el amor en el corazón, se dirigió secretamente a un bosquecillo cerca del gineceo y se sentó. Vio entonces unos cisnes con adornos de color de oro y cogió uno de aquellos alígeros que correteaban por el bosque; entonces el viajero del aire dirigió la palabra a Nala de esta manera:

«No debes matarme, rey, haré para ti una cosa grata. En presencia de Damayanti hablaré de ti, nisadha; de este modo ella no pensará nunca en un hombre distinto de ti.»

Así interpelado, el señor de la tierra soltó al cisne; y los cisnes, volando, llegaron entonces a los vidarbhas. Llegadas a la ciudad de los vidarbhas, las aves se posaron cerca de Damayanti y ella vio a la bandada. Al verlas de extraordinaria belleza, rodeada por la multitud de las amigas, alegre, se lanzó apresurada a coger a las voladoras. Entonces los cisnes se dispersaron todos por el jardín del gineceo y las muchachas, cada una por su lado, empezaron a perseguirlos. Mas el cisne tras el cual corría de cerca Damayanti, tomando voz humana, habló a Damayanti:

«Oh Damayanti, el señor de los nisadhas, Nala por nombre, es semejante en belleza a los dos Azvini, no hay un hombre que se le parezca. Si tú, hermosa, llegaras a ser su esposa, tu nacimiento y tu belleza serían fecundos, oh la de la bella cintura. Nosotros en verdad hemos visto

---

[9] El tigre no es tomado como imagen de la crueldad, sino de la fuerza y el valor. Tigre humano o tigre entre los hombres, equivale a lo que nosotros expresaríamos con «león».

dioses, Gandharvas, hombres, Nagas y Raksas, pero no hemos visto uno semejante. Tú eres la perla de las mujeres y entre los hombres Nala es el mejor: perfecto sería el matrimonio del egregio con la egregia.»

Interpelada así por el cisne, Damayanti, oh señor de pueblos, dijo entonces al cisne: «Dilo tú así delante de Nala.» «Sí», dijo el ave a la hija del vidarbha, señor de pueblos, y marchando de nuevo a los nisadhas se lo contó todo a Nala.

Así el primer capítulo de la historia de Nala.

Capítulo II

V RIHADAZVA dijo:
    Damayanti, al oír la voz del cisne, oh bharata,
    en adelante, fuera de sí, estaba vuelta hacia Nala.
Llena de pensamientos, triste, con el rostro pálido, delgada, estaba Damayanti, entregada a los suspiros; con la
mirada en lo alto, hundida en la meditación, tenía aspecto de demente, pálido el color, penetrado de amor el corazón en un momento. No encuentra alivio en el sueño,
la comida o los placeres del amor; ni de día ni de noche
duerme; ¡ay!, ¡ay!, gime siempre. Las amigas la vieron desasosegada y con mal aspecto; entonces, oh rey, el grupo
de amigas contó al señor de los vidarbhas que Damayanti
estaba desasosegada. Al oír Bhima, oh señor de pueblos,
al grupo de amigas de Damayanti, pensó que se trataba
de un asunto grave para su hija: «¿Por qué ahora mi hija
parece como si estuviera sin sosiego?» Y al darse cuenta
el defensor del país de que su hija había alcanzado la juventud, comprendió que debía preparar la elección de
marido[10] de Damayanti. Convocó a los defensores de la
tierra el señor de pueblos: «Venid, héroes, a esta elección
de marido.» Así dijo, oh excelso.

---

[10] El *svayamvara* o elección de marido, es una costumbre citada frecuentemente en la poesía épica, pero de la que no hablan los libros de leyes brahmánicos (como el de Manu), que son contrarios a su espíritu. Es posible que se usara
sólo en las familias reales o que sea un rasgo legendario.

Los reyes todos, al enterarse de la elección de Damayanti, se presentaron a Bhima, los soberanos, por el edicto de Bhima, llenando la guardadora de tesoros[11] del ruido de los elefantes, los caballos y los carros, acompañados de sus tropas cubiertas de guirnaldas y adornos multicolores, bellas de ver, bien ataviadas. Bhima, el de los grandes brazos, honró a aquellos magnánimos reyes según su dignidad; ellos se hospedaron en su palacio, llenos de honores.

En aquel momento precisamente los dos más excelsos *risis* divinos[12], los dos magnánimos, de gran sabiduría y gran devoción, Narada y Parvata, se dirigían de la tierra al mundo de Indra[13]; entraron en el palacio del rey de los dioses, los muy venerados. El liberal, Indra el poderoso, después de recibirlos con honor, les preguntó por su inalterable prosperidad y por su salud que todo lo penetra[14].

Narada dijo:

Nuestra salud, oh dios, todo lo penetra, señor; y en el mundo, oh liberal, todos los reyes gozan de salud, oh poderoso.

Vrihadazha dijo:

Al oír las palabras de Narada, el vencedor de Bala y de Vritra preguntó por los defensores de la tierra conocedores del deber que luchando sin preocuparse por su vida alcanzan a su tiempo debido la muerte por la espada, sin volver la cabeza: «Este mundo imperecedero sacia sus

---

[11] La tierra.

[12] Son los *devarisis* o *risis* de ascendencia divina. Ver nota 4.

[13] Es la morada de los dioses inferiores y de los mortales beatificados; se coloca en el monte Meru (la montaña central de Jambudvipa, el continente en que vivimos). Otras veces es llamado simplemente *svargah* «cielo», por ejemplo, en el capítulo XVIII de este mismo episodio.

[14] La prosperidad se refiere sobre todo a la obtención de méritos religosos; el que su salud lo penetre todo se refiere a que a ella está unida la del mundo, a causa de su santidad.

deseos como los míos: ¿dónde están aquellos valientes ksatriyas?[15]. Yo en verdad no veo que vengan los defensores de la tierra, mis queridos huéspedes.»

Narada, interpelado así por Zakra, respondió:

Óyeme, liberal, por qué no son visibles los gobernantes de la tierra. La hija del rey de los vidarbhas, Damayanti, así celebrada, es superior en belleza sobre la tierra a todas las mujeres. Su elección de marido será muy pronto, oh Zakra; allá van los reyes y los hijos de los reyes todos. A ella, la perla del mundo, la piden los gobernantes de la tierra; la desean sobre toda otra cosa, oh vencedor de Bala y de Vritra.

Mientras así hablaba llegaron junto al rey de los dioses los guardianes del mundo[16], incluido Agni, los mejores de los inmortales. Ellos todos oyeron las augustas palabras de Narada; y al oírlas dijeron alegres: «Vayamos nosotros también.» Entonces todos ellos, oh gran rey, con sus escoltas y sus carros, se dirigieron a los vidarbhas, donde iban todos los señores de la tierra. Y el rey Nala, oh kaunteya, al enterarse de la asamblea de los reyes, se puso en marcha, lleno de ánimos, obediente a Damayanti.

Los dioses en tanto, en su camino, vieron a Nala sobre la superficie de la tiera; a la vista parecía como si fuera corporalmente Manmattha, por su espléndida belleza. Los guardianes del mundo, al verlo cual el sol resplandeciente, se detuvieron, sin saber qué pensar, estupefactos por su espléndida belleza. Entonces, deteniendo en el es-

---

[15] Derivado de *ksatra* («imperio, mando»), *ksatriya* significa propiamente «perteneciente a la casta real». Los *ksatriyas* forman la segunda casta.

[16] Los dioses Agni, Indra Varuna y Yama, que guardan la tierra por representar los cuatro elementos, respectivamente fuego, aire, agua y tierra. Según otros, hay ocho *lokapalas* o guardianes del mundo, que presiden los cuatro puntos cardinales y los cuatro intermedios, a partir del este y siguiendo por el sureste, etc., Indra, Agni, Surya, Varuna, Vayu, Kubera, Soma. Aquí aparecen sólo los cuatro antes citados.

pacio sus carros divinos, los moradores del cielo hablaron al nisadha, oh rey, bajando del firmamento: «¡Eh, eh, nisadha, Indra de los reyes! Estás consagrado a la verdad: haznos un servicio, sé nuestro mensajero, tú el mejor de los hombres.»

Así el segundo capítulo de la historia de Nala.

Capítulo III

VRIHADAZVA dijo:

Nala se lo prometió y «lo haré», así dijo, oh bharata; y a continuación les preguntó, haciendo el anjali[17], acercándose: «¿Quienes sois? ¿A quién queréis enviarme de mensajero? ¿Qué es lo que debo hacer por vosotros? Explicadlo con puntualidad.» El liberal, al oír estas palabras del nisadha, respondió:

Sábenos inmortales, venidos a causa de Damayanti. Yo soy Indra, éste Agni, y este otro el señor de las aguas[18]; y éste, oh rey, es Yama, el destructor de los cuerpos. Tú haz saber a Damayanti que hemos venido: «Los guardianes del mundo, con el gran Indra a la cabeza, se aproximan deseosos de verte; los dioses te desean, Zakra, Agni, Varuna, Yama. De estos dioses elige uno en calidad de esposo.» Cuando Zakra le hubo hablado así, Nala, hecho el anjali, dijo: «No debéis enviarme a mí que he llegado con el mismo objeto que vosotros. ¿Cómo un hombre lleno de deseo puede hablar a una mujer como ésta de parte de otro? Soporten esto los grandes dioses.»

Los dioses dijeron:

«Lo haré», así te hemos oído hablar antes nosotros; ¿por qué ahora no vas a hacerlo? Ve, nisadha, al instante. Interpelado así por los dioses, el nisadha habló de nuevo:

---

[17] Gesto que consiste en levantar las manos juntas. Es señal de respeto, súplica o sumisión.

[18] Varuna. Ver el índice.

«Los palacios están bien guardados. Entrar, ¿cómo puedo?» «Entrarás», volvió a replicarle Zakra. Y así llegó él, después de hablar de aquel modo, al palacio de Damayanti.

Allí contempló a la vidarbha, rodeada de su cortejo de amigas, resplandeciente de belleza y majestad, ella, la mejor de las mujeres, de miembros delicados, de fina cintura, de bellos ojos; parecía como si luciera el brillante resplandor de la luna. Al ver a la de suave sonrisa creció el amor por ella; pero, deseoso de cumplir su promesa, contuvo el amor. Ellas, al contemplar al nisadha, se turbaron, las de miembros perfectos, y se levantaron del lugar donde estaban sentadas, dominadas por la belleza del nisadha. Y alababan alegres a Nala, llenas de perplejidad; no le hablaban, pero en sus corazones lo ensalzaban: «¡Qué belleza, qué encanto, qué resolución la del magnánimo! ¿Qué Dios o Yaksa o Gandharva es éste?» Y ellas no pudieron decirle nada, subyugadas por la belleza de él, llenas de pudor, las de miembros perfectos.

Entonces Damayanti, con una sonrisa, admirada, habló a Nala, el héroe, que sonreía: «¿Quién eres, perfecto en todos los miembros, alimento de mi amor? Has llegado semejante a un inmortal, oh héroe. Deseo conocerte, inmaculado. ¿Cómo has llegado aquí y cómo no has sido visto? Mi palacio está bien guardado y los reyes tienen castigos terribles.» Nala, al oír hablar así a la vidarbha, respondió:

«Sabe que soy Nala, oh hermosa, venido aquí como mensajero de los dioses. Los dioses desean alcanzarte, Zakra, Agni, Varuna, Yama; elige como esposo a un dios de entre éstos, gloriosa. Por su poder he entrado sin ser visto; y cuando entraba nadie lo notó ni me puso obstáculos. Con este fin, oh hermosa, fui enviado por los más excelsos de los dioses. Después de oírme, oh hermosa, decídete como desees.»

Así el tercer capítulo de la historia de Nala.

Capítulo IV

Vrihadazva dijo:

Ella hizo acto de adoración a los dioses y, sonriente, habló a Nala: «Cásate conmigo, oh rey, como deseas. Preguntas ¿cuál es mi voluntad para ti? Yo y cualquier otra riqueza que yo posea, todo es tuyo: celebra la boda deseada, señor. La voz de los cisnes me abrasa, oh rey; por tu causa he rehuido a los héroes reyes. Y si tú me rehúsas cuando yo te elija, oh hombre sin orgullo, buscaré el veneno, el fuego, el agua, la soga, por tu culpa.»

Al hablarle así la vidarbha, Nala respondió:

«Presentándose los guardianes del mundo, ¿cómo deseas a un hombre? Yo no soy comparable al polvo de los pies de los creadores del mundo, de los señores magnánimos; en ellos esté tu pensamiento. La conducta desagradecida de los mortales obtiene de los dioses la muerte; sálvame, la de miembros perfectos, elige a los mejores de los dioses. Disfruta de vestidos sin polvo, de divinas guirnaldas multicolores, de joyas excelsas, después de conseguir el matrimonio con los dioses. Al que destruye la tierra entera y la hace desaparecer de nuevo, al devorador de ofrendas, al señor de los dioses[19], ¿qué mujer no elegiría por marido? Al que hace que todas las criatu-

---

[19] Agni.

ras juntas, temerosas de su castigo, observen sus debe
res[20], ¿qué mujer no elegiría por marido? Al consagrado
a la justicia, al magnánimo[21], al debelador de los Daityas
y Danavas, ¿qué mujer no elegiría por esposo? Si en tu
pensamiento consideras a Varuna como uno de los guardianes del mundo, sea hecho tu esposo sin vacilación:
oye esta palabra de amigo.»

Damayanti, al oír hablar así al nisadha, dijo con los
ojos inundados por las lágrimas, hijas de su dolor:

«Yo, después de hacer acto de adoración de todos los
dioses, te elijo a ti como esposo, señor de la tierra; te lo
digo en verdad.» El rey entonces le habló así, mientras
ella temblaba y hacía el anjali:

«He venido como mensajero, oh hermosa; ¿cómo puedo obrar por cuenta propia? ¿Cómo, habiendo oído a los
dioses y emprendido el asunto por causa de otros, puedo
obrar por cuenta propia? Si este deber que cumplo resulta en interés de mí mismo, habré obrado por cuenta propia. Piensa en lo que te digo, oh bella.» Entonces Damayanti, la de la clara sonrisa, emitiendo lentamente una
voz llena de lágrimas, habló al rey Nala:

«Este engaño he descubierto, que no es engaño, señor
de hombres: con él no habrá falta tuya ninguna, oh rey.
Tú, el mejor de los hombres, y los dioses con Indra a la
cabeza, id todos juntos donde tiene lugar mi elección.
Entonces yo, delante de los dioses, te elegiré, oh tigre humano; no habrá así ningún pecado tuyo.»

Al oír estas palabras de la vidarbha, Nala el rey, oh señor de pueblos, volvió al lugar donde estaban reunidos
los dioses. Los guardianes del mundo, los grandes dioses
lo vieron venir y al verle le preguntaron lo sucedido:
«¿Qué te ha parecido Damayanti la de la clara sonrisa, oh

20 Yama.
21 Indra.

rey? ¿Qué dijo de nosotros todos? Habla, señor de la tierra, inmaculado.»

Nala dijo:

«Por vosotros enviado penetré en el palacio de Damayanti, el del gran patio, defendido por ancianos guardianes; al entrar ningún hombre me vio excepto aquella princesa, gracias a vuestro poder. Sus amigas fueron vistas por mí y por ellas fui contemplado; todas quedaron sorprendidas de verme, oh dioses sapientísimos. Y mientras yo os mostraba preferibles, la del rostro resplandeciente, a mí, perdido el juicio, me elige, oh excelsos dioses. Me dijo la muchacha: «Que los dioses vayan juntos contigo, oh tigre entre los hombres, a donde tiene lugar mi elección. En su presencia te elegiré, oh nisadha; así no habrá pecado en ti, oh el de los grandes brazos.» Así como ocurrió, oh sapientísimos, lo he contado exactamente; vosotros, los señores de los treinta[22], sois jueces.»

Así el cuarto capítulo de la historia de Nala.

---

[22] El número de dioses es fijado esquemáticamente con frecuencia en 33 (12 Adityas, 8 Vasavas, 11 Rudras y 2 Azvini) y aquí en 30, por simplificación; por tanto, la expresión equivale simplemente a «Indra, Agni, Varuna y Yama». Otras veces se dice que los dioses son 3.339, o se deja un número ilimitado.

Capítulo V

VRIHADAZVA dijo:
     Llegada una ocasión adecuada, en un día y una hora de buen augurio[23], Bhima el rey llamó a los guardianes de la tierra para la elección. Al oírlo, los guardianes de la tierra todos, atormentados por el amor, llegaron apresuradamente, deseosos de obtener a Damayanti. Los reyes penetraron en la gran sala, brillante de columnas adornadas de oro, embellecida por una puerta de arco, como los grandes leones en la montaña. Allí, los gobernantes de la tiera se sentaron en asientos varios, todos portadores de olorosas guirnaldas, con collares de piedras preciosas bien trabajadas. Se veían brazos robustos como gruesos barrotes de hierro, bellos, delicados, semejantes a serpientes de cinco cabezas. Las cabezas de los reyes, de bellos bucles, graciosas, de hermosa nariz, ojos y boca, brillaban como estrellas en el cielo. En aquella asamblea de reyes, espléndida, semejante a Bhogavati con sus nagas, llena de tigres de hombres, cuales los tigres de las cavernas del monte, penetró Damayanti, la del rostro resplandeciente, y al entrar en la sala robó con su

---

[23] La superstición de buscar un día y momento de buen augurio para cumplir ritos y ceremonias públicos y domésticos, se puede observar varias veces en nuestro episodio. Esta superstición dio desarrollo a la observación de las estrellas, sobre todo para la celebración de sacrificios. La palabra que traduzco por «día» es *tihti* «día lunar, la treintava parte del mes lunar»; la que traduzco por «hora», *muhurta*, «la treintava parte del día lunar» (48 minutos).

belleza los ojos y los corazones de los reyes. Sus miembros atrajeron la mirada de los magnánimos; allí, allí quedó suspendida y no se movió, según la contemplaban. Entonces, mientras eran anunciados los nombres de los reyes, oh bharata, vio la hija de Bhima cinco hombres semejantes. Al contemplarlos a todos sin diferencias, la vidarbha, dudosa, no reconoció al rey Nala. Aquél, aquél al que miraba de entre ellos, éste, éste pensaba que era el rey Nala; ella, discurriendo, razonaba así en su espíritu: «¿Cómo podré reconocer a los dioses, cómo al rey Nala?» Mientras meditaba así la vidarbha profundamente afligida, «los signos de los dioses —pensó, oh bharata— que he oído a los viejos, ésos no los veo aquí en ninguno de éstos que se apoyan en la tierra». Ella, reflexionando de múltiples maneras y pensándolo una y otra vez, se acordó en tiempo feliz de la protección de los dioses, y adorándolos con su voz y su corazón, haciendo el anjali, temblorosa, habló así a los dioses:

«La voz de los cisnes me hizo elegir al nisadha; que los dioses, por esta verdad, me lo asignen por esposo. Tomen su propia forma los guardianes del mundo, los grandes dioses, para que yo reconozca al Bien Afamado[24], al rey de hombres.»

Al oír a Damayanti esta patética lamentación, su decisión extrema y real y su inclinación por el nisadha, su pureza de pensamiento y presencia de espíritu, su fidelidad y amor por el nisadha, los dioses le dieron satisfacción en llevar los signos como ella dijo. Ella vio a los sapientísimos todos, sin sudor, con los ojos fijos, con guirnaldas lozanas, sin polvo, sin tocar el suelo. Allí estaba el nisadha, doblado por su sombra, con las guirnaldas mustias, lleno de polvo y sudor, tocando el suelo y con ojos que

---

[24] *Punyasloka*, calificativo de Nala, que con frecuencia es un verdadero nombre.

guiñaban. La hija de Bhima, al ver a los dioses y al Bien Afamado, eligió al nisadha según el rito, oh pandava: llena de vergüenza, tomó la punta de su vestido la de los grandes ojos; sobre su hombro colocó una guirnalda de belleza extraordinaria[25]. Y así lo eligió por esposo la excelsa entre las mujeres.

Entonces, de repente, una exclamación «¡oh!, ¡oh!», fue lanzada por los reyes de hombres; una exclamación fue lanzada por los dioses y los grandes rsis, sonrientes, alabando a Nala: «¡Bien! ¡Bien!» Así, oh bharata.

Y a Damayanti, oh kaurava, el hijo de Virasena le dio ánimos con alegre corazón: «Al que tú eliges, hermosa, hombre en presencia de los dioses, a ése sabe tu esposo. Tanto placer hay en tus palabras. Y mientras me dure la vida en el cuerpo, la de la clara sonrisa, seré tuyo. Es una verdad lo que te digo.» Y mientras él alegraba a Damayanti con sus palabras, los dos, contentos el uno del otro, vieron a los precedidos por Agni[26]; a aquellos dioses pidieron protección en su corazón.

Elegido el nisadha por la hija de Bhima, los grandes dioses, los gloriosísimos, alegres todos en su corazón, hicieron a Nala ocho regalos. Conoció el poder de ver a los dioses en el sacrificio; esto y una manera de andar excelsa, por nada impedida, se lo dio Zakra, alegre, el esposo de Zaci. Agni le hizo el presente de su propia esencia[27] allí donde desee el nisadha; mundos iluminados por él le dio el devorador de ofrendas[28]. Yama le dio el gusto ex-

---

[25] Signo ritual de elección en el *svayamvara*.
[26] Los dioses. Puede notarse que tan pronto un dios como otro es considerado como superior, aunque generalmente lo sea Indra. La fe en un dios supremo identificado momentáneamente con uno u otro de los dioses particulares, es corriente en el Veda, y aun en la India moderna. Algunos la han considerado con el nombre de henoteísmo, como una forma de expresión religiosa distinta del politeísmo y del monoteísmo.
[27] El fuego.
[28] «Mundos» se refiere a los tres mundos (tierra, espacio y cielo), y la frase viene a equivaler a la anterior: «el fuego que ilumina el mundo».

quisito de la comida por él guisada y virtud extremada en el cumplimiento del deber[29]; el padre de las aguas la naturaleza de las aguas[30] allí donde desee el nisadha y un par de olorosas guirnaldas. Y todos ellos le dieron el nacimiento de un par de gemelos. Después de obsequiarle así los dioses marcharon al tercer cielo[31].

Los reyes, una vez conocido el matrimonio de él y Damayanti, alegres, se marcharon por donde habían venido; idos los Indras de los reyes, Bhima, regocijado, el magnánimo, celebró el matrimonio de Damayanti y de Nala. Y el nisadha, el mejor de los hombres, después de residir allí el tiempo que quiso, otorgado por Bhima el permiso, marchó a su ciudad.

Conseguida la perla de las mujeres, el bien afamado rey gozaba del amor junto con aquélla, como con Zaci el vencedor de Bala y Vritra. El rey, contento en extremo, brillante cual el veloz[32], hacía felices a las gentes, el héroe, defendiéndolas con su virtud. Y hacía el sacrificio[33]

---

[29] El saber de que se habla aquí y otras muchas veces es el *dharma* (traducido también a veces por «justicia»), la ley moral que gobierna el mundo que se manifiesta por el castigo de sus transgresores a través de todas las existencias que sean precisas y que es el dogma central de todas las teologías indias, ya obrando como manifestación de un dios, ya como principio superior e independiente. Aplicado a cada hombre particular, el *dharma* es el exacto cumplimiento de los deberes de su casta y suele traducirse por «virtud» (así en este mismo capítulo, unas líneas más adelante), pero la palabra indica al mismo tiempo el «mérito» logrado por ese cumplimiento y que protege al que lo realiza.

[30] Esto es, el agua.

[31] En el *Veda* es «la parte más excelente del cielo»; en sánscrito clásico, como aquí, equivale simplemente a «cielo», esto es, al mundo de Indra.

[32] El sol.

[33] El sacrificio está en el centro de la vida religiosa india y a partir de los vedas su importancia aumenta cada vez más. Se llega a la concepción de que el sacrificio es todopoderoso, aun sobre los mismos dioses. La fuerza propia de sacrificio ha hecho inmortales a los dioses, por ella han vencido a los demonios y creado el mundo. El ritual se hace cada vez más complicado. Ya en la época más antigua los cantos sacrificiales ocupan uno de los cuatro *Vedas* (el *Yajurveda*). Véase en el índice la explicación de Zatakratu, sobrenombre de Indra.

del caballo[34], al igual que Yayati, el hijo de Nahusa, y otros muchos sacrificios, abundantes en ofrendas a los brahmanes, el sabio. Otra vez vivía Nala entre los agradables bosques y vientos, en compañía de Damayanti, semejante a una inmortal. Y Nala engendró en Damayanti a su hijo Indraseno y a su hija Indrasena. Así el rey de hombres, mientras hacía sacrificios y se esparcía paseando, gobernaba a la guardadora de tesoros[35].

Así el quinto capítulo de la historia de Nala.

---

[34] El sacrificio del caballo es el más eficaz de todos: llega a decirse que uno que lo hace 100 veces adquiere méritos capaces de que reemplace a Indra en el mando de los dioses. Es citado ya en el *Rig-Veda*. Sólo lo realiza un rey en ocasiones muy solemnes, por ejemplo Yudhisthira, en el libro XIV del *Mahabharata*, tras vencer a los kauravas y para purificarse de los pecados de la batalla. En este libro se describe cómo el caballo, que es minuciosamente descrito, es dejado en libertad un año, seguido por los guardias del rey (pues sus enemigos tienen interés en matar al caballo para que el rey no pueda hacer tan eficaz sacrificio). Detalles del ritual hacen pensar que el carácter primitivo de este sacrificio era el de buscar la fecundidad de los campos y las mujeres.

[35] La tierra.

Capítulo VI

V<small>RIHADAZVA</small> dijo:
Elegido el nisadha por la hija de Bhima, los grandes dioses, los poderosos, al alejarse, vieron que venían Dvapara y Kali. Entonces habló a Kali Zakra, el matador de Bala y Vritra, al observarlo: «Di, Kali, ¿a dónde vas con Dvapara?»

Entonces habló Kali a Zakra: «A la elección de marido de Damayanti iré y la elegiré; mi corazón está con ella.» Ante él habló Indra, sonriendo: «Esa elección ha concluido. Ella ha elegido al rey Nala por esposo en nuestra presencia.» Así informado por Zakra, Kali, penetrado de ira, haciendo una reverencia a todos aquellos dioses, dijo estas palabras:

«Porque en medio de los dioses tomó por esposo a un hombre, debe llegar para ella un grande y justo castigo.» Cuando Kali les habló así, replicaron los celestes:

«Consintiéndolo nosotros ha sido elegido Nala por Damayanti. Y ¿qué mujer no elegiría al rey Nala, poseedor de todas las virtudes, conocedor de los deberes todos, cumplidor de sus votos según los pronunció, que sabe de memoria los cuatro *Vedas* y la leyenda[36] como quinto, de cuya casa siempre están justamente satisfechos

---

[36] La leyenda o *akhyana* debe referirse a algún *itihasa* o poema legendario, o tal vez a los *Puranas*, historias legendarias de los dioses. Sin embargo, estos últimos son posteriores, al menos en su estado actual, al *Mahabharata*.

los dioses por sus sacrificios? ¿A Nala, gustoso en huir de la violencia, verídico, cumplidor de sus votos, poseedor de inteligencia, resolución, liberalidad, fervor, pureza, firmeza, ánimo tranquilo, cualidades bien reconocidas en él, el tigre humano, el rey semejante a los guardianes del mundo? El que quisiere maldecir[37] a Nala, al poseedor de una tal índole, oh Kali, a sí mismo se maldiga el necio, golpéese él mismo a sí mismo. Y el que quisiere maldecir a Nala, al poseedor de una tal virtud, oh Kali, húndase en el pavoroso infierno[38], en un lago inmenso y sin fondo.»

Los dioses, tras de hablar así a Kali y al dios Dvapara, se alejaron. Entonces, idos los dioses, Kali dijo a Dvapara: «No puedo contener la ira; en Nala moraré, oh Dvapara. Tú métete en los dados y ayúdame.»

Así el capítulo sexto de la historia de Nala.

---

[37] Para comprender el alcance de la maldición hay que tener en cuenta la fuerza mágica de la palabra, que obra por sí sola. La maldición tiene fuerza aun contra los dioses: en este mismo episodio se verá la fuerza de la maldición contra el *mayanti,* como ya se prevé en esta escena. En el libro XVI del *Mahabharata,* el dios Krisna muere por la maldición de tres ascetas, sube al cielo y queda exclusivamente dios, perdido su imperio terreno. En el libro III (el mismo en que figura este episodio), se ve al dios Kubera víctima de la maldición de otro *risi.*

[38] La palabra *naraka* que traduzco por «infierno» es en Manu el nombre de uno de los 21 que enumera. El infierno está en el centro del mundo, y sus tormentos están descritos gráficamente; no son considerados eternos, sino que las almas van allí (o a un cielo) después de su existencia para volver al mundo a satisfacer las consecuencias de las vidas anteriores.

Capítulo VII

V RIHADAZVA dijo:
        Kali, hecho este acuerdo con Dvapara, llegó al
        lugar donde estaba el rey nisadha. Y acechando
siempre una ocasión propicia vivió en los nisadhas largo
tiempo; en el duodécimo año vio al fin Kali una ocasión
propicia. El nisadha había orinado, se había lavado la
boca y se había sentado para la meditación de la tarde sin
haber hecho la purificación de los pies[39]; entonces Kali
entró dentro de él. Después de penetrar fue junto a Puskara y le dijo: «Ve, juega con Nala. Vencerás a Nala a los
dados con mi ayuda; alcanzarás la soberanía de los nisadhas al vencer al rey Nala.»

Así exhortado por Kali, Puskara fue en busca de Nala;
y Kali, en forma de toro, siguió a Puskara. Y acercándose al rey Nala, Puskara, el vencedor de los héroes enemigos, «juguemos —dijo—, hermano, a los dados». Así una
y otra vez. No resistió entonces el rey aquella invitación;
la vidarbha le contemplaba y pensó que era el momento
oportuno para el juego. Nala, poseído por Kali, fue vencido cuando jugaba oro reluciente, su carro de viaje, sus
vestidos. Ninguno de sus amigos era capaz de retener en
el juego al domador de sus enemigos, ebrio de la borra-
chera de los dados.

---

[39] Hay un complicado ritual de purificaciones que es descrito en el código de
Manu. En los capítulos XI y XXIII de este mismo episodio hay más ejemplos.

Entonces los ciudadanos todos, junto con los ministros, oh bharata, fueron a ver al rey para contener al enfermo. Un servidor entró e hizo saber a Damayanti: «Los ciudadanos, diosa[40], están en la puerta, deseosos de hacer algo útil. Sea comunicado al nisadha que aquí están todos los súbditos, no pudiendo soportar la enfermedad del rey conocedor de la justicia.» Ella entonces, con voz entrecortada por las lágrimas, atormentada por el dolor, habló al nisadha, la hija de Bhima, con el corazón herido por la tristeza:

«Rey, los ciudadanos están en la puerta deseosos de verte, todos, acompañados de los ministros, llenos de afecto por su rey. Debes verlos.» Así habló una y otra vez.

A ella, la de los esplendentes miembros que se lamentaba de este modo, el rey, poseído por Kali, no contestó una palabra. Entonces los ministros todos y los ciudadanos, diciendo «no es éste el que conocemos», afligidos, confusos, volvieron a sus casas.

De este modo, oh Yudhisthira, tuvo lugar durante largo rato el juego de Puskara y Nala. Y el Bien Afamado era vencido.

Así el séptimo capítulo de la historia de Nala.

---

[40] En hipérbole poética (que aparece frecuentemente), equivale a «reinas».

Capítulo VIII

VRIHADAZVA dijo:
Damayanti entonces, viendo que el Bien Afamado, jefe de hombres, estaba fuera de sí, como un loco, absorto en el juego, dueña de sí, poseída por el miedo y el dolor, oh rey, la hija de Bhima, pensó que este suceso era muy grave para el rey. Pensando que se trataba de una cosa peligrosa y queriendo hacerla favorable, al comprender que Nala iba a perder todo lo suyo, habló así a Vrihatsena, su nodriza, muy gloriosa, bien dispuesta para ella, hábil en todas las cosas, fiel, elocuente:

«Vrihatsena, ve, haz venir a los ministros de orden de Nala y dime qué tesoro se ha perdido y qué riquezas quedan.»

Los ministros todos, entonces, al oír la orden de Nala, «que tengamos suerte», así diciendo, fueron a ver a Nala. La hija de Bhima le hizo saber que todos los súbditos habían llegado por segunda vez; y él no respondió. Damayanti, al ver que su esposo no acogía sus palabras, confusa, entró de nuevo en sus habitaciones. Y considerando cien veces que el rostro de los dados era hostil a Nala y que Nala perdía todos sus bienes, habló de nuevo a su nodriza: «Vrihatsena, ve otra vez, hermosa, trae a Varsneya, el auriga, por orden de Nala; se ha presentado un suceso de importancia.» Y Vrihatsena, al oír las palabras pronunciadas por Damayanti, hizo venir al auriga por medio de hombres de confianza.

La hija de Bhima, entonces, habló a Varsneya, conciliándoselo con su voz suave, conocedora del lugar y la ocasión, en tiempo oportuno, la irreprochable:

«Sabes cómo el rey siempre tuvo confianza en ti; a él, ahora que está al borde de un precipicio, debes socorrerle. Así, así como el señor de hombres es vencido por Puskara, así, así crece más su pasión por el juego. Y así como los dados de Puskara caen moviéndose según su deseo, así en los dados de Nala se ve la adversidad. Y, en esta situación, no oye las palabras de sus propios amigos; y a las mías, del mismo modo, no responde el desgraciado. En verdad, yo lo creo, no es culpa del magnánimo nisadha cuando el rey no contesta a mis palabras, el desgraciado. En ti he buscado refugio, oh auriga; obedece pronto a mis palabras, pues no está firme mi decisión y tal vez con el tiempo se arruine. Entrega a mis parientes mis dos niños, así como el carro y los caballos, y, según desees, vive allí o marcha a otra parte.»

Estas palabras de Damayanti, Varsneya, el auriga de Nala, las comunicó con fidelidad lo primero de todo a los ministros de Nala. Después de reunirse con ellos y reflexionarlo, obtenido el permiso, fue, tomando los gemelos, a los vidarbhas, con el carro. Dejando allí los caballos, el precioso carro, la niña Indrasena y el niño Indraseno, el auriga, después de saludar a Bhima, afligido, lamentándose por el rey Nala, llegó errante a la ciudad de Ayodhya. Se presentó al rey Rituparna, lleno de dolor, y entró a sueldo a su servicio, como auriga del rey de la tierra.

Así el octavo capítulo de la historia de Nala.

Capítulo IX

VRIHADAZVA dijo:
    Ido Varsneya mientras el Bien Afamado jugaba, el reino y los tesoros que tenía le fueron arrebatados por Puskara. Sonriendo, Puskara dijo al rey Nala, privado de su reino: «Siga el juego; apuesta lo que tienes. Damayanti sola te queda; todo lo demás te lo he ganado. Damayanti está bien como apuesta; juguémosla si quieres.»

El corazón del Bien Afamado, así interpelado por Puskara, se desgarró de ira; y no le contestó nada. Entonces, mirando a Puskara, Nala, lleno de cólera, arrojando de todos sus miembros sus atavíos, con un solo vestido, apenas cubierto, acreciendo el dolor de sus amigos, salió, el rey, abandonando su gran prosperidad.

Y Damayanti, con un solo vestido, siguió detrás del que se iba; en su compañía vivió el nisadha durante tres días fuera de la ciudad.

Y Puskara, el gran rey, hizo pregonar en la ciudad: «El que esté con Nala, marche a la muerte merecida que le preparo.» Y por el pregón de Puskara, y el odio que le tenía, los ciudadanos no le daban hospitalidad, oh Yudhisthira.

En las cercanías de la ciudad, digno de ser hospedado, no hospedado, por tres días habitó el rey, viviendo de agua solamente, atormentado por el hambre, arrancando frutos y raíces. Empezó luego a caminar el rey; Damayanti le seguía. Nala, atormentado por el hambre durante varios días, vio unas aves de alas que se asemejaban al oro. Entonces el nisadha pensó; éste es hoy mi alimento; será ésta mi riqueza. Poniendo encima su vestido, las envolvió: llevándose el vestido volaron todas por el espacio. Al echar a volar, las aves dijeron a Nala estas palabras: «Somos los dados, necio, que deseábamos arrebatar tu vestido. No nos entraba la alegría por haberte tú ido vestido.» Al ver que los dados se iban y que él estaba desnudo, el Bien Afamado, el rey, habló así a Damayanti:

«Aquellos por cuya ira y poder fui arruinado, oh irreprochable, y no encuentro sustento, el mísero, atormentado por el hambre; aquellos por cuya causa no me admitieron como huésped los nisadhas, convertidos en aves, me arrebatan mi vestido. He llegado a la extrema miseria, el desgraciado, fuera de mí, yo tu marido; escucha estas saludables palabras mías. Estos caminos numerosos van a la región del sur, pasando Avanti y el monte Riksavanta. Éste es el Vindhya, la gran cordillera, y ése el río Payosni; ahí están las ermitas de los grandes *risis*, provistas en abundancia de raíces y frutos; ése es el camino de los vidarbhas, ése va a los kozalas. Más allá, hacia el sur, está la región del sur»[41].

Estas palabras el rey Nala, reconcentrándose, afligido, habló a Damayanti muchas veces, haciendo alusión a lo que debía hacer la hija de Bhima. Ella, entonces, con voz entrecortada por las lágrimas, desgarrada de dolor, habló al nisadha, Damayanti, estas palabras de infortunio:

«Se me estremece el corazón, me desfallecen los miembros todos al pensar, oh rey, una y otra vez, en tu intención. ¿Cómo me iría abandonándote en la selva solitaria, después de perder el reino, los bienes, atormentado por

---

[41] El Decán.

el hambre y la sed? En el bosque inmenso, oh gran rey, haré yo desaparecer la fatiga del cansado, del hambriento, del que añora aquella felicidad. No conocen los médicos una hierba medicinal para todos los dolores semejante a una esposa: te lo digo en verdad.»

Nala dijo:

«Así es como tú dices, oh Damayanti la de la bella cintura: no hay amigo como una esposa, medicina del hombre afligido. No tengo deseo de abandonarte. ¿Por qué, oh tímida, dudas? Me abandonaría a mí mismo antes que a ti, oh irreprochable.»

Damayanti dijo:

«Si, oh gran rey, no deseas separarte de mí, ¿por qué me señalas los caminos de los vidarbhas? Y hablas sin cesar del camino de mi casa, oh el mejor de los hombres; con ello crece mi dolor, oh semejante a los inmortales. Y si tus intenciones te conducen a mis parientes, juntos los dos marchemos a los vidarbhas, si lo deseas. El rey de los vidarbhas te honrará, oh hombre sin orgullo; allí, honrado por el rey, vivirías feliz en nuestra casa.»

Así el noveno capítulo de la historia de Nala.

Capítulo X

NALA dijo:

«Como el reino de tu padre, así era el mío, no hay duda; no iré allí de ningún modo después de haber quedado al borde del abismo. ¿Cómo, después de ir próspero, acrecedor de tu alegría, iré derribado, acrecedor de tu aflicción?» Así hablando el rey Nala a Damayanti una y otra vez, consolaba a la hermosa, cubierta con medio vestido.

Cubiertos los dos con un solo vestido, errantes de un lado a otro, agotados por el hambre y la sed, llegaron los dos a una choza. Al llegar a aquella choza el rey de los nisadhas con Damayanti, se sentó en el suelo. Él, sin vestido, de aspecto repugnante, sucio, cubierto de polvo, cansado, se durmió en la superficie de la sostenedora[42]. Y Damayanti, la hermosa, fue arrebatada por el sueño, partícipe del dolor, tierna, desgraciada. Mientras Damayanti dormía, Nala el rey, oh señor de pueblos, trastornado por el dolor, todo pensamientos, no dormía como antes. Viendo la pérdida del reino, el abandono por parte de todos sus amigos, y este caminar errante por el bosque, llegó a pensar:

«¿Qué ventajas tengo de haber hecho esto? ¿Cuáles tendría de no haberlo hecho? ¿Es para mí preferible la muerte o el vivir apartado de las gentes? Ésta, en verdad,

---

[42] La tierra.

llena de amor, sufre la desgracia por mi culpa; si yo la abandono, podría llegar alguna vez a su casa. Conmigo será sin duda desgraciada, la fiel; en el abandono tal vez no, pues podrá alcanzar alguna vez la dicha.»

Y el rey de hombres, después de pensarlo muchas veces y de reflexionar una y otra vez, piensa que el abandono es lo mejor para Damayanti: «Por su majestad, nadie puede ultrajarla en el camino, a la gloriosa, la ilustre, la fiel al marido.» Así su pensamiento, impulsado por el malvado Kali, se movía entonces en torno a Damayanti, al abandono de Damayanti. Acordándose de que él no tiene vestidos y de que ella tiene uno solo, el rey pensó en cortar la mitad de este vestido: «¿Cómo cortaré el vestido de modo que no lo sienta mi amada?» Pensando así el rey Nala daba vueltas por la casa.

Nala, corriendo de un lado a otro, oh bharata, encontró en la choza una magnífica espada. Cortando con ella la mitad del vestido y poniéndoselo el destructor de sus enemigos, abandonando dormida a la vidarbha, huyó, fuera de sí. Luego, cambiando su corazón, volviendo de nuevo a la choza, vio a Damayanti y lloró el señor de los nisadhas: «Mi amada, a la que antes no veían el viento ni el sol, yace hoy en el suelo, en medio de una choza, sin protección. ¿Cortado su vestido, cómo estará, como loca, cuando se despierte, la de las bellas caderas? ¿Cómo sola, la hija de Bhima, abandonada por mí, la esplendente, marchará por la selva inmensa, poblada de fieras y serpientes? Que los Adityas, los Rudras, los Vasavas, los dos Azvini, acompañados de las turbas de Maruts, te protejan, excelsa. ¡Tu virtud te protege!»[43].

Así hablando a su querida esposa, sin igual en belleza sobre la tierra, con el conocimiento arrebatado por Kali,

---

[43] Véase nota 29. Los *dharmas* o deberes de las mujeres se basan en la dependencia del marido.

se alejó con decisión. Volvió, volvió el rey Nala y entró otra vez en la choza por un momento; alejado por Kali, su amor le atrae. Partido estaba su corazón de desgraciado; como un péndulo ya se aleja, ya se aproxima a la choza. Pero al fin, arrebatado por Kali, huyó corriendo el mísero Nala, abandonando dormida a su esposa, lamentándose triste y desesperadamente.

Arruinado su espíritu, enloquecido por Kali, con este pensamiento se alejó abandonando sola en la selva inhabitada a su esposa, el afligido.

Así el décimo capítulo de la historia de Nala.

Capítulo XI

V RIHADAZVA dijo:
     Ido Nala, oh rey, Damayanti, descansada de su
     fatiga, se despertó, la de bellas caderas, aterrorizada, en la selva desierta. Y no viendo al esposo, llena de
aflicción y dolor, llamó a gritos al nisadha, exclamando:
«¡Gran rey! ¿Oh señor, oh gran rey, oh dueño, por qué
me abandonas? ¡Oh!, estoy muerta, estoy perdida, estoy
atemorizada en la selva desierta. En verdad, oh gran rey,
eres conocedor del deber, verídico. ¿Cómo, diciendo: "así
es la verdad"[44] te has ido dejándome dormida? ¿Cómo te
has ido abandonando a tu esposa, excelente, fiel, si sobre
todo no te he ofendido con ninguna ofensa en que interviniera otro hombre? Debes hacer reales para mí aquellas
palabras, oh el mejor de los hombres, que dijiste un tiempo en presencia de los guardianes del mundo. No ha sido
decretada sin razón la muerte de los mortales, oh toro
entre los hombres[45], puesto que tu amante, abandonada
por ti, vive, aunque sea un momento. ¿O es un juego lo
que has intentado, oh toro entre los hombres? Tengo
miedo, mírame, oh inviolable, oh señor. Te veo, rey, te
veo, eres visto ocultándote entre los árboles; ¿por qué no
me hablas? Eres cruel, Indra de reyes, porque no te acer

---

[44] Se refiere a cuando Nala (capítulo V) acepta la elección de Damayanti.
[45] Superior y destacado entre los hombres como el toro ente las vacas.

[67]

cas a mí que te me acerco gimiendo y me consuelas, oh rey. No me aflijo por mí misma ni por ninguna otra cosa. ¿Cómo estarás tu sólo? Así me aflijo por ti, señor de hombres. ¡Cómo, rey, sediento, hambriento, agotado de fatiga, estarás al atardecer al pie de un árbol, sin verme!»

Ella, entonces, invadida por un violento dolor, como inflamada por la aflicción, de aquí para allí corría llorando, la infortunada. Ya se levanta la joven, ya cae en su andar vacilante, ya se desvanece empavorecida, ya gime, llora. Quemada con fuerza por el dolor, continuamente suspirando la desgraciada, dijo lamentándose la hija de Bhima, llorando, la fiel al marido:

«Que aquel por cuya maldición halla el dolor el dolorido nisadha, tenga un dolor superior a nuestro dolor. El malvado que ha obrado así con Nala, cuya mente no tiene maldad, viva una vida sin felicidad, alcanzando un dolor mayor que el suyo.» Así se lamentaba la esposa del magnánimo rey mientras buscaba a su esposo en la selva poblada de fieras. Como loca la hija de Bhima, lamentándose de aquí para allá, «oh rey», repite, corre de un lado a otro. Mientras gemía sin medida, chillaba como el águila del mar, se quejaba doloridamente, se lamentaba una y otra vez, de repente una comedora de cabras[46] aprisionó a la hija de Bhima, que andando de un lado a otro se le había acercado, gigantesca, hambrienta. Ella, a punto de ser devorada por el munstruo, sumergida en su dolor, no se duele de sí misma tanto como se duele del nisadha: «Oh protector, ¿cómo no me socorres de la serpiente que me devora, carente de protección, en el bosque inhabitado? ¿Cómo estarás algún día, cuando te acuerdes de mí, oh nisadha, libre de las maldiciones, libres otra vez tu mente, tu corazón, tus bienes? Cuando estés hambriento, cansado, decaído, oh nisadha, ¿quién te quitará el cansancio, tigre entre los reyes, inmaculado?»

---

[46] Una gran serpiente, una boa probablemente.

Entonces un cazador que recorría el bosque impenetrable, oyendo sus gritos, acorrió velozmente. Y al ver a la de los grandes ojos a punto de ser devorada por la serpiente, apresurado el cazador, lanzándose con ímpetu, hirió en la boca a la serpiente con su afilado cuchillo; ella no hizo resistencia y quedó muerta por el que vivía de la caza.

Una vez libertada, el cazador la lavó con agua y, después de darle comida, consolándola, la preguntó, oh bharata: «¿De quién eres hija, la de los ojos de gacela joven? ¿Cómo has entrado en el bosque? ¿Cómo has llegado a esta gran miseria, mujer?» Damayanti, interrogada por él, señor de pueblos, le contó todo según había sucedido, oh bharata. Y el cazador[47], al verla cubierta solamente con medio vestido, con opulentos muslos y pechos, con miembros delicados, irreprochables, con ojos provistos de curvas cejas, con voz tan suave, entró en la obediencia del amor. El cazador, con blanda voz, delicadamente, procuraba hacerse agradable, lleno de amor: la ilustre lo comprendió.

Damayanti, al comprender a aquel malvado, la fiel al marido, llena de cólera violenta, se inflamó en su espíritu. El malvado, el vil, anhelante de ultrajarla, comprendió que era difícil de ultrajar, ella que ardía como una llama. Damayanti, dolorida, privada del esposo y del reino, pasada la ocasión de las palabras, lo maldijo, airada: «Como yo no pienso en mi espíritu en otro distinto del nisadha, así caiga muerto este vil cazador.»

Con sólo pronunciar la palabra, el cazador, como un árbol quemado por el fuego, cayó muerto sobre la tierra.

Así el undécimo capítulo de la historia de Nala.

---

[47] Téngase en cuenta que el cazador, que vive de matar a los animales, es un ser vil que ejerce una profesión abominable.

Capítulo XII

VRIHADAZVA dijo:
       Después de matar al cazador, Damayanti se internó en la selva terrible, inhabitada, resonante de la multitud de los grillos, llena de leones, leopardos, antílopes, tigres, búfalos, osos, de bandadas de aves diversas, poblado por los mlechas[48] y los bandidos, cubierta de *zalas*[49], bambúes, *dhavas*[50], higueras sagradas[51], *tindukas*[52], *ingudas*[53], *kimzukas*[54], *arjunas*[55], *aristas*[56], *sayandanas*[57], algodoneros, llena de *jambus*[58], mangos, *ladhras*[59], cauchoteros, *salas*[60] y *canas*, poblado de *padmakas*[61], *ama-*

---

[48] Los *mlechas* son los habitantes del país anteriores a los arios, refugiados en bosques y montañas. En sánscrito, la palabra toma el valor de «bárbaro» o «salvaje», pues estas poblaciones seguían en un estado primitivo.

[49] *Vatica robusta*, árbol que da madera utilizada para la construcción.

[50] *Grislea tomentosa:* un arbusto.

[51] *Ficus religiosa:* recibe el nombre por ser sagrada, sobre todo para los budistas. Ya en la Bhagavad Gita, Krisna se llama a sí mismo «la higuera sagrada entre todos los árboles».

[52] *Diospyros embryotteris* Pers.: un árbol.

[53] *Terminalia catappa:* árbol que da nueces olorosas que pasaban por aumentar la fecundidad de las mujeres.

[54] *Butea frondosa:* árbol de bellas flores rojas.

[55] *Terminalia arhuna:* un gran árbol de corteza medicinal.

[56] *Sapindus detergens*, Roxb.: los frutos se usan para lavar.

[57] *Dalbergia augeinensis*, Roxb.

[58] *Jambosa eugenia* y otras especies: una especie de escaramujo.

[59] *Symplocus racemosa*, Roxb.

[60] Otra forma del nombre del *zala*, antes citado.

[61] *Costus speciosus* o *arabicus*.

lakas[62], *plaksas*[63], *kadambas*[64], higueras gigantes[64 bis], cubierto de *vadaras*[65], *vilvas*[66], lleno de higueras indias[67], de *priyalas*[68], palmeras de vino[69], palmeras silvestres, *haritakis*[70] y *vibhitakas*[71]; se internó en las cambiantes montañas sembradas de rocas de cien clases, en los bosquecillos llenos de murmullos, en las cuevas maravillosas. Y vio ríos, pantanos, lagos, fieras y aves de mil clases, y muchos Pizacas, Nagas y Raksasas de aspecto atemorizador, estanques, lagunas, picos montañosos por todas partes, ríos y cascadas maravillosas. En manadas veía allí la hija del rey de los vidarbhas los búfalos, los jabalíes, los osos, las serpientes de la selva.

Con su esplendor, su dignidad, su belleza, la vidarbha marcha sola buscando a Nala; y a nadie temía la hija de Bhima, la esposa del rey, internada en la selva despiadada, atormentada por la desgracia de su esposo. La hija del vidarbha, oh rey, se lamentaba dolorida, con los miembros atravesados por la añoranza del marido, acogiéndose a una roca:

«El del ancho pecho, el de los grandes brazos, rey del pueblo de los nisadhas: ¿a dónde, oh rey, te has ido abandonándome en la selva inhabitada? Después de sacrificar

---

62 *Emblica officinalis:* árbol de frutos de olor penetrante, usados en medicina.

63 *Ficus infectoria:* hermoso árbol de gran altura.

64 *Nauclea cadamba:* árbol de flores olorosas de color naranja.

64 bis *Ficus glomerata:* árbol elevado de frutos color naranja, con mucho jugo lechoso, comestibles.

65 Probablemente el azufaifo.

66 El que los ingleses llaman *bel-tree.*

67 *Ficus indica:* gran árbol que echa ramas hacia el suelo, donde enraízan; de ahí su nombre sánscrito, *nyagrodha,* «la que crece hacia abajo».

68 *Buchanania latifolia.*

69 Es el *borassus flabelliformis,* de cuyo jugo se saca azúcar, y por fermentación, una bebida alcohólica.

70 *Terminalia chebula:* sus frutos son purgantes, las agallas dan un tinte amarillo.

71 *Terminalia bellerica,* Roxb: gran árbol cuya semilla emborracha. La flor tiene un olor repugnante.

con sacrificios que incluían el del caballo, remuneradores para los brahmanes, ¿cómo, tigre entre los hombres, procedes con falsía? La palabra que, oh el mejor de los hombres, delante de mis ojos, oh lleno de majestad, pronunciaste, hermoso, debes recordarla, toro entre los reyes. Y la que dijeron los cisnes voladores en tu presencia, señor de la tierra, y la que dijeron ante mis ojos, debes mirarla. Los cuatro *Vedas*, juntos con los *Angas* y *Upangas*[72], en toda su extensión y recitados con prefección, oh tigre entre los hombres, son la verdad absoluta. En su obediencia debes, exterminador de enemigos, hacer verdad, señor de hombres, aquella palabra que dijiste en un tiempo, héroe, delante de mí. ¡Oh héroe! Sin duda yo, como es fama, fui amada por ti, inmaculado. En esta selva terrible ¿por qué no me hablas? Me devora esa aparición terrible, funesta[73], con las fauces abiertas, el rey de la selva[74], hambriento; ¿por qué no me salvas? «No amo a otra mujer que no seas tú.» Así hablabas siempre. Haz verdadera, hermoso, esa palabra dicha en un tiempo, ¡oh rey! A mí, tu amada, tu esposa, loca, deshecha en lamentos, oh rey de hombres, el querido a la querida, ¿por qué no me hablas? De la extenuada, mísera, pálida, sucia, oh señor de la que encierra los tesoros, de la que se cubre con medio vestido, de la solitaria que gime sin protección, como una gacela de grandes ojos extraviada de sus padres, no te acuerdas, oh venerable, de la que llora, oh destructor de enemigos. ¡Oh gran rey! En la gran selva, yo, sola, Da-

---

[72] Al lado del Veda que con los *Brahmanas* y *Upanisads* es considerado como *zruti* (revelación), están otras obras que forman la *smriti* (tradición) y que complementan aquélla. La parte principal está formada por los seis *angas* que están destinados a ayudar en la comprensión y aplicación del *Veda*. Se ocupan de los ritos, de la pronunciación, metros, palabras raras y gramática del *Veda*, y de la astrología y matemáticas referentes a él (en lo relativo a la determinación de la celebración de sacrificios, etc.). Los *upangas* son complementos de los *angas*.

[73] *Raudro:* palabra derivada del dios Rudra (ver en el Índice).

[74] Un león o un tigre. Más adelante es un tigre.

mayanti, te hablo; ¿por qué no me respondes? Hijo de noble familia, virtuoso, poseedor de miembros de bello aspecto todos ellos, no te veo hoy en esta montaña, oh el mejor de los hombres, ni en este bosque pavoroso, poblado de leones y tigres, echado para el reposo, o de pie, señor de los nisadhas, o andando, oh el mejor de los hombres, acrecedor de mi dolor. ¿A quién preguntaré la afligida por ti, desgarrada de dolor: has visto, encontrándotelo en el bosque, a un cierto rey Nala? ¿Quién me diría que en esta selva está el rey, lleno de belleza, magnánimo, destructor de las filas enemigas? «El rey Nala que buscas, de ojos semejantes a los lotos, está aquí.» ¿A quién oiré esta palabra deleitosa? Este rey de la selva, hermoso, con cuatro colmillos, de gran mandíbula, un tigre, se acerca de frente. Voy hacia él sin temor: «Rey de las fieras, tú eres el soberano de esta selva. Sabe que soy la hija del rey de los vidarbhas, Damayanti, esposa del rey de los misadhas, Nala, el exterminador de enemigos, sabe que busco a mi marido, sola, mísera desgarrada de dolor; reconfórtame, Indra de las fieras, si has visto aquí a Nala; o, si no sabes dónde está Nala, oh rey de la selva, devórame, oh la mejor de las fieras, liberándome de esta aflicción». Al oír en la selva mi lamentación, este rey de las fieras, de su propio impulso, se va a ese curso de agua, de clara corriente, que va hacia el mar.

A esa majestuosa mole de peñascos, terminada en picachos numerosos, elevados, resplandecientes, que arañan el cielo, multicolores, magníficos, llena de minerales varios, adornada de toda clase de piedras preciosas, colocada sobre esta gran selva como una bandera, poblada de leones, tigres, elefantes, jabalíes, osos y gacelas, resonante por todas partes por innumerables especies de volátiles, embellecida por los *kamzukas,* los *azokas*[75], los *vakulas,* los

---

[75] *Jonesia asoka:* árbol de flores rojas.

pannagas[76], embellecida por los *karnakaras*[77], *dhavas* y *plaksas* de bellas flores, llena de arroyos con las copas de sus árboles unidas en el aire, a esa reina de las montañas al instante pregunté por el rey: «Excelente[78], la mejor de las montañas, célebre por tu divina belleza, dispensadora de asilo, hermosísima, seas reverenciada, oh montaña. Te venero al presentarme a ti; sabe que soy hija de rey, nuera de rey, esposa de rey, Damayanti, así conocida. El rey de los vidarbhas, el jefe, es mi padre, el del gran carro, Bhima por nombre, señor de la tierra, protector de las cuatro castas, sacrificador del sacrificio del caballo y del de la coronación[79], abundante en recompensas para los sacerdotes, el mejor de los reyes, de ojos grandes, hermosos, reverenciados, religioso, de buena conducta, verídico, no envidioso, de buen carácter, heroico, conocedor del deber, puro, defensor siempre de los vidarbhas, vencedor de las tropas enemigas, poderoso; de éste soy yo la hija, a ti venida, oh venerable. En los nisadhas, oh gran monte, vivía mi suegro, llamado Virasena, el afamado. El hijo de este rey es heroico, hermoso, realmente dotado de valor extraordinario y gobernaba el reino heredado de su padre, Nala por nombre, matador de enemigos, moreno, celebrado como el Bien Afamado, religioso, conocedor de los *Vedas,* elocuente, bebedor del *soma*[80], mantenedor

---

[76] *Rotteleria tinctoria* Roxb.

[77] *Pterosternum acerifolium* Willd.

[78] *Bhagavan:* apelativo que se dirige sólo a los dioses y personas santas.

[79] El sacrificio de la coronación *(rajasuya)* es un sacrificio solemnísimo y sólo lo puede celebrar un miembro de la familia y una sola vez. Debe ser un rey llegado al colmo de su poder: así en el canto II del *Mahabharata,* Yudhisthira, antes de celebrarlo, envía a sus cuatro hermanos a conquistar los países de los cuatro puntos cardinales.

[80] El *soma* es el jugo embriagador de una planta, probablemente la *asclepias acida* o el *sarcostemma acidum.* Se utiliza en el culto, y la antigüedad de su uso está probada por las referencias en el *Avesta,* en el que se le llama *haotar.* Como el soma se bebe en los sacrificios, bebedor del *soma* significa «hombre piadoso». El *soma* es elevado a la calidad de dios: es todopoderoso, dador de riquezas, superior a los otros dioses.

del fuego sagrado, sacrificador, generoso, guerrero y ante todo poderoso: de éste soy yo la esposa, a ti venida, oh la mejor de las montañas, perdida la felicidad, privada del marido, sin protector, enferma, buscando a mi esposo, a aquél, el mejor de los hombres selectos. ¿Por medio de esos cientos de picos que rasgan el aire has visto, oh la mejor de las montañas, en este bosque, a un cierto rey Nala, heroico como el Indra de los elefantes, sabio, de largos brazos, irritable, valiente, verídico, héroe, esposo mío, gloriosísimo? ¿Has visto a un Nala señor de los nisadhas? ¿Por qué al verme sollozante, sola, oh la mejor de las montañas, no me consuelas con tu palabra, como a una desgraciada hija tuya? Héroe, valeroso, conocedor del deber, fiel a tu palabra, defensor del país, si estás en esta selva, oh rey, muéstrate a ti mismo. ¿Cuándo oiré la voz del nisadha, agradable y profunda, parecida a un trueno, semejante a la de los inmortales, diciendo "vidarbha", clara, agradable, la voz del magnánimo, seguidora de los santos escritos, fausta, destructora de mi dolor? Reconfórtame porque tengo miedo, oh rey, oh amigo del deber.»

Así diciendo a la mejor de las montañas, la hija del rey, Damayanti, se dirigió a una región más al Norte. Después de andar tres días y tres noches, vio la de los bellos miembros un bosque de ascetas, incomparable, semejante a un bosque divino, hermoseado por los ascetas, semejantes a Vazista, Brigu y Atri, de sentidos domados, moderados en la comida, firmes y puros, alimentados de agua, alimentados de aire, comedores de hojas, vencedores de sus sentidos, llenos de felicidad, investigadores del camino del cielo, protegidos por un traje de corteza de árbol, *munis*[81] de sentidos domados. Vio el bosque apacible habitado por los ascetas, poblado de toda clase de

---

[81] Sabios, ascetas.

bestias, lleno de tropas de monos y con numerosos ascetas; y al verlos recobró ánimo, la de bellas cejas, bella cabellera, bellos muslos, bellos pechos, bellos dientes, la resplandeciente, la de los bellos pies y bellos ojos, grandes y negros. Y entró en el bosque de los ascetas la amante del hijo de Virasena, la perla de las mujeres, la ilustre, Damayanti la atormentada. Saludó a los grandes en austeridad, de pie e inclinada respetuosamente; y «seas bienvenida» le respondieron todos los ascetas. Y después de saludarla conforme a las reglas, los ricos en austeridad «que se siente —dijeron—; di qué hemos de hacer». La de hermosas caderas preguntó entonces: «¿Tienen los venerables prosperidad en la devoción, en el mantenimiento del fuego, en sus animales y aves, oh inmaculados, y en el cumplimiento de su deber?» Dijeron ellos: «Tenemos prosperidad en todo, gloriosa. Di, perfecta en todos tus miembros, quién eres y qué quieres hacer. Al ver tu extraordinaria belleza y tu extraordinaria majestad hemos quedado sorprendidos. Toma aliento, no estés triste. ¿Eres diosa de este bosque o bien de esta montaña o de este río, hermosa? Di la verdad, irreprochable.»

Ella respondió a los sabios ascetas: «No soy diosa del bosque ni de esta montaña, oh sacerdotes, ni de este río. Humana sabedme vosotros todos los ricos en austeridad. Os lo explicaré con extendión: oídme todos. En los vidarbhas vive un guardián de la tierra, Bhima de nombre, señor del país; de éste sabedme todos hija, oh los mejores de los nacidos dos veces[82]. El rey de los nisadhas, sabio, Nala por nombre, grande en gloria, héroe, vencedor en el combate, instruido, es mi esposo, el señor de pueblos, extremado en el culto de los dioses, amigo del pueblo de

---

[82] Se llama así a los miembros de las tres primeras castas y especialmente a los brahmanes cuando reciben el cinto sagrado que les permite leer el *Veda* y realizar ciertos ritos antes prohibidos. El acto de tomar el cinto es considerado como un segundo nacimiento.

los dos veces nacidos, protector de la multitud de los vidarbhas, gran vencedor, de gran fuerza, verídico, conocedor del deber, inteligente, fiel a su palabra, destructor de sus enemigos, religioso, devoto de los dioses, hermoso, triunfador de las ciudades enemigas, Nala por nombre, el mejor de los reyes, semejante en majestad al rey de los dioses, de grandes ojos, de rostro semejante a la luna llena, destructor de enemigos, celebrador de sacrificios espléndidos, familiarizado con *Vedas* y *Vedangas,* debelador de los enemigos en la batalla, semejante en esplendor a Ravi y Soma. Este rey fue desafiado al juego de dados por unos hombres hábiles en la vileza, innobles, de alma vil; y el guardián de la tierra, el entregado al culto de la verdad y del deber, fue vencido por ellos, hábiles en el juego de dados, desleales, perdiendo el reino y las riquezas. Del toro entre los reyes sabedme esposa, Damayanti, así llamada, añorante del rostro del esposo. Buscando a mi esposo Nala, hábil en la batalla, magnánimo, experto en el manejo del arco, recorro la desgraciada las selvas, las montañas, los lagos, los ríos, los pantanos todos y los bosques sin excepción. ¿Acaso el señor de hombres habrá llegado a este bosque de devoción, agradable, habitado por los venerables, el rey Nala, señor del pueblo de los nisadhas? Con este fin he penetrado en esta selva inaccesible, llena de profundos terrores, pavorosa, terrible, poblada de tigres y fieras. Si en unos cuantos días no veo al rey Nala, lograré la felicidad librándome de este cuerpo. ¿Qué motivos tengo para vivir sin el toro entre los hombres? ¿Cómo viviré yo hoy, atormentada por el dolor por mi esposo?»

A la que así se lamentaba sola en el bosque, a la hija de Bhima, Damayanti, dijeron entonces aquellos ascetas videntes de la verdad:

«Tu porvenir, hermosa, será hermoso, oh resplandeciente; nosotros lo vemos con nuestra virtud ascética;

pronto verás al nisadha, a Nala, destructor de enemigos. Al mejor de los cumplidores del deber, oh hija de Bhima, verás, pasado su tormento, liberado de todas sus calamidades, dueño de todas sus piedras preciosas, gobernando de nuevo la misma ciudad, al domador de sus enemigos. A tu esposo, atemorizador de sus enemigos, destructor de la aflicción de sus amigos, verás, oh hermosa, al rey de noble familia.»

Una vez que hablaron así a la querida esposa de Nala, hija de rey, los ascetas todos desaparecieron, con el fuego sagrado y las ermitas. Ella al ver la gran maravilla, quedó estupefacta, Damayanti, la de miembros perfectos, la nuera del rey Virasena: «¿Qué sueño he tenido? ¿Qué suceso ha ocurrido aquí? ¿Dónde están todos aquellos ascetas? ¿Dónde está aquel bosque con sus chozas? ¿Dónde está aquel río de agua pura, apacible, frecuentado por los nacidos dos veces? ¿Dónde aquellos hermosos árboles adornados de frutas y flores?» Cavilando mucho rato la hija de Bhima, Damayanti la de la suave sonrisa, la extremada en el dolor por el marido, la desgraciada, quedó pálida en su rostro, y, dirigiéndose a otro lugar, con voz entrecortada por las lágrimas gimió, llenos los ojos de lágrimas, al ver un árbol *azoka*. Llegándose al mejor de los árboles, el *azoka* florecido en el bosque, lleno de yemas, agradable, lleno de gorjeos de aves, dijo: «¡Oh! Este hermoso árbol resplandece en el interior de la selva, cubierto de numerosas guirnaldas, hermoso como un rey de la montaña. ¿Has visto a mi amado, Nala por nombre, destructor de los enemigos, esposo querido de Damayanti, rey de los nisadhas, de piel suave y fina, acosado por la desgracia, héroe que ha venido a esta selva? Haz que yo me aleje de ti libre de dolor, oh árbol *azoka*[83], haz verdad

---

[83] Sobre el árbol *azoka*, véase nota 75. Para comprender este pasaje hay que tener en cuenta que se basa en un juego de palabras: *azoka* significa «sin dolor».

tu nombre, oh *azoka*, árbol sin dolor, destructor del dolor.»

Una vez que llena de aflicción dio la vuelta al árbol *azoka*, llegó a una región más inhospitalaria, la hija de Bhima, la ilustre entre las mujeres. Vio muchos árboles y muchos ríos, muchas montañas de bello aspecto, y muchas aves y fieras, barrancos y taludes, y ríos maravillosos. Los vio la hija de Bhima mientras buscaba a su esposo.

Y después de hacer largo camino, Damayanti, la de la clara sonrisa, vio una gran caravana llena de elefantes, caballos y carros que atravesaba un apacible río de agua clara, hermoso, de corriente encalmada, caudaloso, cercado por cañas, lleno de los graznidos de los chorlitos y las águilas, resonante por los gritos de los gansos, lleno de tortugas, serpientes y peces, embellecido por sus grandes islas. Al ver la gran caravana, la gloriosa esposa de Nala se acercó, la de bellas caderas, y penetró en medio de los hombres, como loca, llena de dolor, cubierta con medio vestido, delgada, pálida, sucia, con el cabello polvoriento. Al verla los hombres, algunos huyeron atemorizados, algunos se detuvieron cavilando, algunos gritaron, algunos sonrieron, otros la censuraron, se compadecieron algunos y otros preguntaron, oh bharata: «¿Quién eres? ¿De quién eres hija, oh hermosa? Al verte nos hemos asustado. ¿Eres una mujer? Di la verdad: ¿eres una diosa de la selva, de la montaña o de la llanura, oh hermosa? Nosotros imploramos tu protección. ¿Eres una Yaksi, una Raksasi o una Apsara? ¡De todas formas, danos felicidad y protégenos, irreprochable! Haz de modo que esta caravana marche de aquí segura y velozmente, de la forma que sea mejor para nosotros.»

Interpelada así por la caravana, Damayanti, la hija del rey, respondió, la virtuosa, atormentada de dolor por su esposo, al jefe de la caravana, a la caravana y a los hombres todos que había allí, a los jóvenes, viejos y muchachos, y a los acompañantes de la caravana:

«Humana sabedme, hija de un rey de hombres, nuera de rey, esposa de rey, languideciendo por la vista de mi esposo. El rey de los vidarbhas es mi padre, mi esposo el rey nisadha, Nala de nombre, ilustre; a él busco, al invicto. Si conocéis al rey, decidme pronto dónde está mi amado, Nala, tigre entre los hombres, destructor de la turba de los enemigos.»

A ella, la de miembros perfectos, dijo el jefe de la caravana, Zuci por nombre:

«Oye, hermosa, mis palabras. Yo soy el jefe y guía de la caravana, oh la de la dulce sonrisa; a un humano de nombre Nala no lo veo, gloriosa. Elefantes, leones, búfalos, tigres, osos, veo en esta selva toda, poblada por no humanos. Excepto tú, no veo un mortal en la gran selva; así nos proteja hoy Manibhadra, el rey de los Yaksas.»

Dijo ella entonces a los mercaderes todos y al jefe de la caravana: «¿Dónde va esta caravana? Decídmelo.» El jefe de la caravana dijo:

«Esta caravana irá pronto al país de Subabu, rey de Cedi, a comerciar. Sábelo, hija de hombre.»

Así el duodécimo capítulo de la historia de Nala.

Capítulo XIII

VRIHADAZVA dijo:
  La de miembros perfectos, al oír estas palabras
  del jefe de la caravana, marchó con la caravana,
añorando a su esposo. Y después de mucho tiempo los
mercaderes vieron en la selva inmensa, terrible, un lago
agradable en todos conceptos, perfumado por los lotos,
grande, apacible, rico en hierba y leña de quemar, provis-
to de abundantes flores y frutos, poblado de aves diversas, de agua tranquila y dulce, atrayente, fresco. Los mercaderes, viendo los caballos agotados, hicieron alto. Con
consentimiento del jefe de la caravana penetraron en
aquel bosque excelente; acampó la gran caravana, asentándose en la orilla occidental.

A medianoche, cuando todo estaba en silencio y calma
y dormía la fatigada caravana, llegó una manada de elefantes, para beber, al río de la montaña, de agua turbia
por el mada[84]. Entonces vieron a la caravana y a sus numerosos elefantes domesticados. Y todos los elefantes de
la selva, al ver a los elefantes domesticados, se lanzaron
con ímpetu, deseosos de matarlos, en su furor. El empuje
de los elefantes que se precipitaban fue difícil de sostener,
como el de los peñascos que, desgajados de la cima de la
montaña, caen a tierra. Lanzados a la carrera los elefan-

---

[84] Serosidad que emanan los elefantes en celo.

tes, las vías de escape fueron inutilizadas por los árboles derribados; al quedar destruidos los caminos, la manada atropelló al instante a la gran caravana quieta en el suelo, sin que, dormida junto al lago de los lotos, hiciera resistencia. Los mercaderes, mientras gritaban ¡ah!, ¡ah¡, buscaban refugio y corrían a los matorrales del bosque, estaban muchos aún dormidos; unos con los colmillos, otros con las trompas, otros con los pies, eran muertos por los elefantes. Y muchos, muertos sus camellos, mezclados con los hombres de a pie y huyendo por el miedo, fueron muertos uno detrás de otro. Caían al suelo dando gritos terribles, al ser derribados mientras subían a los árboles agarrándose unos a otros, y al caer a los precipicios.

Así, de maneras diversas, al ser atacados por los elefantes por voluntad del destino, oh rey, fue muerto todo el conjunto de la rica caravana. Había un griterío ensordecedor, causante del espanto de los tres mundos[85]: «Ha surgido un fuego destructor, salvaos al instante corriendo. Ese montón de perlas es destrozado: cogedlo. ¿Por qué huís? Es una riqueza común. No es falsa mi palabra. Gritan y corren aterrorizados. Recapacitad los cobardes.»

En este terrible aniquilamiento de hombres, Damayanti se despertó, temblando de miedo el corazón. Vio la matanza, causante del espanto del mundo todo; al ver este espectáculo no visto antes, la joven de los ojos semejantes al loto se levantó trastornada por el miedo.

Los de la caravana que se habían salvado ilesos, reunidos todos decían: «¿De qué acción es esto fruto? No hemos honrado hoy al glorioso Manibhadra, ni al afortunado rey de los Yaksas, al poderoso Vaizravena. No hemos hecho ante todo honor a los que ponen obstáculos[86]. ¿O

[85] La tierra, el cielo y la región intermedia. Hay otras divisiones en 7 y 8 mundos.
[86] Se alude a Ganeza, jefe del cortejo de Siva (de ahí su nombre «jefe de las turbas o multitudes»). Da el bienestar y aparta los obstáculos, por lo que es in-

es fruto cierto y adverso de las aves?[87]. ¿No nos serán adversos los planetas?[88]. ¿Qué otra cosa puede haber intervenido?»

Y otros desgraciados decían, perdida la familia y los bienes: «La mujer que hoy entró en la caravana, de aspecto demente, desarreglada en toda su persona, pero de belleza sobrehumana, ha realizado esta terrible obra de magia; es una Raksasi o Yaksi sin duda, o Pizaci provocadora de miedo, de ésta es todo este mal, no hay que dudarlo. Si veo a esa malvada, asesina de la caravana, causante de mil dolores, con bolas de tierra y hasta con arena, con cañas y con leños, con los puños, la mataré sin piedad, a ella, la maga de la caravana.»

Damayanti, al oír las crueles palabras de aquellos hombres, llena de vergüenza y miedo, empavorecida, huyó del bosque. Y pensando en aquella desgracia, se decía a sí misma: «¡Ay! Hay sobre mí una gran cólera del destino; la felicidad no me dura. ¿De qué acción es esto fruto? No recuerdo haber cometido ninguna falta con ninguno, por pequeña que sea. Sea por la acción, el pensamiento o la palabra, ¿de qué acción es esto fruto? Sin duda ha obrado un gran pecado que debo haber cometido en una vida anterior[89] y no será el último este terrible infortunio que he

vocado al comenzar una empresa. Corresponde al espíritu de la mitología india el que el dios que pone los obstáculos *(vighnakartr)* es el que los vence *(vighnajit,* etc). Se le representa con cabeza de elefante y aun hoy es de los dioses más honrados de la India, considerado como dios doméstico.

[87]   Las aves, como en Grecia y Roma, dan buenos o malos presagios. Sin embargo, es una creencia poco extendida.

[88]   Son los cinco principales planetas: Mercurio, Venus, Marte, Júpiter y Saturno, llamados respectivamente: Budha, Zukra, Mangala, Vrihaspati y Zani. Desde antiguo se cree en su influencia favorable o funesta, en determinadas ocasiones; el prever las buenas para el sacrificio da origen a la astrología.

[89]   Como la acción *(karma)* tiene un alcance que sobrepasa la vida presente y la transgresión del *dharma* debe ser pagada, las malas acciones traen como consecuencia vidas sucesivas en las que provocan, bien un bajo lugar de nacimiento, bien infortunios. Damayanti infiere de sus desgracias que debe estar pagando pecados cometidos en otra vida. A esto se refiere unos renglones más ade-

sufrido: privación del esposo y del reino, ausencia de mi familia, separación de mi esposo, alejamiento de mis hijos, falta de protección, vida en el bosque poblado de fieras sin número.»

Llegado el día siguiente, los hombres que habían sobrevivido a la matanza se alejaron de aquella región gimiendo por la catástrofe ocurrida, por el hermano, el padre, el hijo y el amigo, oh rey de hombres. Gemía la vidarbha: «¿Qué mala acción he cometido? La ola de hombres que encontré en la selva desierta fue muerta por la manada de elefantes. Fue culpa de mi poco mérito. Ahora en verdad voy a sufrir una larga pesadumbre. «No muere el que no le ha llegado la hora», es un sabio y conocido proverbio. Por eso no he sido matada hoy por la manada de elefantes, la desgraciada. Pues no hay nada que se refiera a los hombres en que no intervenga el destino. Así es. Pero yo no he cometido ni en mi niñez ninguna falta, ni con la acción, ni con el pensamiento, ni con la palabra, por la que haya sucedido esta desgracia. Pero ahora pienso: al celebrarse mi elección de marido, los dioses guardianes del mundo, reunidos, fueron despreciados por mí a causa de Nala. Sin duda, por su poder he sufrido la separación.»

En este estado de miseria, llena de dolor, la de miembros perfectos, lamentándose aquellas lamentaciones, Damayanti, la fiel al marido, en unión de unos brahmanes familiarizados con los *Vedas,* supervivientes de la caravana, caminaba, oh tigre entre los hombres, semejante a la luna otoñal el primer día del cuarto creciente.

Después de andar no mucho tiempo llegó la joven al atardecer a la gran ciudad del rey de Cedi, Subahu, viden-

---

lante, cuando habla de su poco mérito. Lo mismo hace Nala (cap. XV 17). De lo dicho resulta natural que *karma,* «acción que arrastra consecuencias», venga a significar lo que nosotros llamaríamos destino; así en XXII 14.

te de la verdad. Cubierta con medio vestido entró en la mejor de las ciudades. Los habitantes vieron cómo iba apesadumbrada, delgada, miserable, suelto el cabello, sucia, como una loca. Y al verla entrar en la ciudad del rey de Cedi la seguían los muchachos hijos del lugar, por distracción. Rodeada por ellos pasaba por delante del palacio real; rodeada por las gentes la contempló la madre del rey, subida en la terraza. Dijo a su aya: «Ve, trae a ésa a mi presencia. La joven es molestada por la gente, la infortunada, deseosa de refugio; y, tal belleza veo, ilumina mi casa, semejante a una loca, hermosa, parecida a Zri, de grandes ojos.» Y una vez que hizo apartar al pueblo y que la joven subiera a la espléndida terraza, sonriendo, oh rey, preguntó a Damayanti: «Aun así, alcanzada por el infortunio, llevas un cuerpo excelso. Habla, semejante a un relámpago entre las nubes: ¿quién eres, de quién eres hija? No tienes belleza humana, aun carente de adornos. Sin acompañamiento de hombres no temes, oh semejante a los inmortales.» Al oír estas palabras Damayanti dijo:

«Sábeme mortal, fiel a mi esposo, una criada de buena familia, una sirvienta que mora donde quiere, comiendo frutos y raíces, sola, refugiándome donde me sorprende el crepúsculo. Mi esposo tiene virtudes innumerables y siempre me fue fiel. Yo amo a aquel héroe y le seguía en el camino como una sombra. El destino hizo que naciera en él una afición desmedida al juego. Y vencido en el juego penetró solo en la selva. Consolando a mi esposo, cubierto con un solo vestido, enloquecido, agitado, entré en la selva. El héroe una vez, por cierta causa, hambriento y fuera de sí, perdió en el bosque su único vestido; siguiendo al cubierto con el mismo vestido que yo, al desnudo, al semejante a un demente, al que había perdido el juicio, no dormí durante muchas noches. Y después de mucho tiempo, abandonándome mientras dormía, después de cortar la mitad del vestido, me dejó a la carente de pecado. Busco día y noche a este esposo, consumiéndome, y no veo al querido en mi corazón, brillante como el cáliz del loto, no veo al que resplandece como los inmortales, a mi querido amante, a mi señor.»

La madre del rey habló así a la querida hija de Bhima, que tenía los ojos llenos de lágrimas y se lamentaba con pasión —ella misma estaba más afligida aún—: «Vive en mi palacio, hermosa; siento por ti un gran afecto; mis hombres buscarán a tu esposo, querida. O tal vez llegue él mismo corriendo de un lado a otro; si habitas aquí, querida, recobrarás a tu esposo.» Al oír las palabras de la madre del rey, dijo Damayanti:

«Puedo habitar en tu casa con una condición, oh madre de un héroe. No comeré restos de comida[90] ni me lavaré los pies[91]; y no hablaré en modo alguno con otros hombres. Si alguno me desea, ese hombre ha de ser castigado por ti; el necio ha de ser siempre matado por ti. Este es mi voto. Y, con objeto de buscar a mi esposo, examinaré a los brahmanes yo misma. Si aquí se obra de esta forma, viviré yo sin dudarlo. Vivir de otro modo no está en mi pensamiento.» La madre del rey, con el corazón alegre, le replicó: «Todo eso lo haré. Me gusta tu voto.»

La madre del rey, después de hablar a la hija de Bhima de esta manera, oh señor de los pueblos, dijo a su hija, Sunanda por nombre, oh bharata: «Conoce a esta camarera de belleza divina, oh Sunanda; es tu igual en edad, sea tu amiga. Alégrate en su compañía siempre libre de cuidados.» Sunanda, llena de alegría, se dirigió a su cuarto llevándose a Damayanti y acompañada de sus amigas.

Así el capítulo trece de la historia de Nala.

---

[90] Como los zudras comen los restos de los nacidos dos veces (Manu V 140).

[91] En señal de duelo. En el capítulo XVII se verá que Damayanti tampoco se lava la cara por igual motivo.

Capítulo XIV

V RIHADAZVA dijo:
      Después de abandonar a Damayanti, el rey
      Nala, oh señor de pueblos, vio un gran incendio
que ardía en la espesa selva. En medio del fuego oyó la
voz de un ser vivo: «Corre, Nala, Bien Afamado.» Así
una vez y muchas veces. «No temas», dijo Nala, y pene-
trando en medio del fuego vio a un rey de los Nagas en-
roscado en anillo. El Naga, haciendo el anjali, temblando,
dijo a Nala:

«Sábeme, oh rey, el Naga Karkotaka, oh señor de
hombres. Yo ataqué a un gran *risi*, a Narada el lleno de
devoción; y encolerizado me maldijo, oh rey de hombres:
«Estate quieto como un árbol hasta que un héroe Nala te
saque de aquí; entonces quedarás libre de mi maldición.»
Por su maldición no puedo mover un pie de otro. Te
daré la felicidad: sálvame. Seré amigo tuyo; no hay un
Naga que se me asemeje. No te seré molesto; acércate en-
seguida y puedes marcharte.»

Así diciendo, el Indra de los Nagas tomó el tamaño de
un dedo pulgar; Nala lo cogió y se dirigió a un lugar libre
de fuego. Después de llevarlo a un lugar despejado de árboles y de haberlo librado del que ennegrece su camino[92], cuando iba a dejarlo, el Naga Karkotaka le habló

_____
[92] El fuego.

así: «Anda unos cuantos pasos mientras los vas contando, oh nisadha; entonces yo te daré una felicidad extraordinaria, oh el de los grandes brazos.» Cuando se puso a contar, le mordió al décimo paso; al ser mordido, su forma natural[93] desapareció. Al verse a sí mismo cambiado de aspecto, se detuvo lleno de estupor; y el señor de la tierra miró al Naga, que conservaba su propia forma.

Entonces el Naga Karkotaka dijo a Nala, consolándole: «Yo he hecho desaparecer tu forma propia; de esta manera las gentes no te conocerán. Y aquel por cuya causa has sufrido este gran infortunio, oh Nala, habitará en ti lleno de dolor, por causa de mi veneno. Mientras no te deje libre, envueltos sus miembros en veneno habitará en ti, gran rey, lleno de dolor. Yo te protegeré así de aquel por el que has sido maltratado, el inocente, sin merecerlo, oh rey de las gentes: estoy irritado contra él por su ira. No te darán miedo, gran héroe, las fieras o los enemigos o los *risis* brahmánicos[94], a causa de mi protección, oh rey de hombres. Y no tendrás tormentos causados por algún veneno, oh rey; y en los combates, Indra de los reyes, siempre obtendrás la victoria. Ve, rey, a Ayodhya, la bella ciudad, oh señor de los nisadhas; y cuando llegues di delante de Rituparna —este rey conoce la ciencia de los dados—: "Yo soy el auriga Vahuka." Él te dará la ciencia de los dados a cambio de la ciencia de los caballos, oh rey. Es descendiente de Iksvaku, floreciente, y se hará tu amigo. Cuando seas entendido en los dados, entonces alcanzarás la felicidad y te reunirás con tu mujer —no pongas tu corazón triste—, con el reino y con tus hijos; te lo digo en verdad. Y cuando, rey de hombre, quieras ver tu propia forma, debes acordarte de mí y po-

---

[93] Téngase en cuenta que la palabra sánscrita *rupa*, que traduzco casi siempre por «forma», significa al mismo tiempo «belleza» (como la propia palabra *forma* en latín).

[94] Temibles por sus terribles maldiciones.

nerte este vestido. Cubierto con este vestido recuperarás tu propia forma». Así dijo y le dio un vestido divino, con sus dos piezas. Después de dar a Nala estas enseñanzas y el vestido, oh Kaurava, el rey de los Nagas, oh rey, desapareció.

Así el capítulo catorce de la historia de Nala.

Capítulo XV

VRIHADAZVA dijo:

Desapareció el Naga, se puso en marcha Nala, el nisadha; y al décimo día llegó a la ciudad de Rituparna. Se presentó al rey y dijo: «Yo soy Vahuka, experto en conducir caballos: no hay en la tierra quien se me asemeje. En los casos difíciles y en las cosas de habilidad, se me debe interrogar; y conozco el arte de guisar[95] mejor que nadie. Los oficios que hay en el mundo y uno más difícil que pueda haber, todos me comprometeré a ejercerlos. Aliméntame a tu servicio, oh Rituparna.»

Rituparna dijo:

«Vive aquí, Vahuka amigo; harás todo eso. Mi espíritu está siempre fijo ante todos los otros en el arte de conducir el carro rápidamente. Tú cuida de que mis caballos sean veloces; eres el encargado de mis caballos; tu sueldo será cien veces cien[96]. Varsneya y Jivala estarán siempre a tus órdenes; hallarás placer en su compañía. Vive conmigo, Vahuka.»

Cuando el rey le habló de aquella manera, Nala se quedó a vivir allí, lleno de honores, en la ciudad de Rituparna, en compañía de Varneya y Jivala. Allí vivía el rey

---

[95] Es uno de los dones de Yama (V, 37).
[96] Probablmente de *karsapanas,* el moderno kaban bengalí, que equivale a la rupia.

acordándose de la vidarbha; y al atardecer cantaba siempre este zloka[97]: «¿Dónde yaces llena de hambre y sed, fatigada, oh infortunada, recordando a este necio?» Al oír al rey quejarse así en la noche, Jivala le dijo: «¿Quién es ésa por la que siempre te lamentas? Deseo oírlo, Vahuka. ¿De quién es hija esa mujer, oh dotado de larga vida[98] por la que gimes así?»

El rey Nala le contestó: «Hubo una mujer de mucho valer, esposa de un necio; su palabra era firme. Él, por cierto motivo, se separó de ella, el necio, y el débil de espíritu, después de la separación, anda errante, atormentado por la infelicidad. Quemado sin cesar por el dolor día y noche canta un zloka. Después de errar por toda la tierra, asentándose en un lugar, habita el indigno, recordando de nuevo aquel dolor. Y la mujer que siguió a aquel hombre por la selva llena de peligros, abandonada por él, poseedor apenas de méritos religiosos[99], es difícil que viva. Sola la joven y desconocedora de los caminos, no acostumbrada a ellos, atravesados sus miembros por el hambre y la sed, es difícil que viva en la selva inmensa, terrible, recorrida siempre por fieras, abandonada por aquel desgraciado, por aquel necio, oh amigo.»

Así el capítulo quince de la historia de Nala.

---

[97] Pareado de dos versos de 16 sílabas, que es el que se emplea en todo este episodio, como en general en toda la épica india.

[98] *Ayusman:* término honorífico que se emplea sobre todo al dirigirse a los jóvenes.

[99] Véase nota 89.

Capítulo XVI

VRIHADAZVA dijo:
    Cuando Nala, perdido el reino, marchó al destierro con su esposa, Bhima hizo venir a los brahmanes deseoso de ver a Nala. Les dio muchas riquezas y les dijo: «Buscad vosotros a Nala y a Damayanti mi hija. Si tiene éxito esta empresa y es reconocido el nisadha, daré mil veces a aquel de vosotros que me traiga a los dos; y como donación de tierras le daré una villa del tamaño de una ciudad. Y si Damayanti o Nala no pueden ser traídos, por la noticia le daré diez cientos de vacas.» Los brahmanes al oírlo marcharon alegres en todas direcciones por ciudades y reinos, buscando al nisadha con su esposa. Y en ninguna parte ven a Nala ni a la hija de Bhima.

Un día un brahmán de nombre Sudeva, buscándola en la hermosa ciudad de los Cedi, vio a la vidarbha en el palacio del rey mientras deseaba feliz día al rey junto con Sunanda; su incomparable belleza apenas era celebrada, como el resplandor del sol oculto por la niebla. Cuando vio a aquella mujer de grandes ojos, extremadamente sucia y delgada, pensó: «Es la hija de Bhima», conjeturándolo por sus señales: «Esta mujer tiene igual apariencia que aquella que conozco. He logrado hoy el éxito al ver a esta mujer semejante a Zri, la amada por todo el mundo, que es como la luna llena, de pechos delicados y redondos, reina que con su resplandor ilumina todas las regiones, de ojos de loto, grandes y preciosos, semejante a Rati, la esposa de Manmattha; la veo ahora como si hubiera sido arrancada del lado de los vidarbhas por culpa del destino, cubiertos los miembros de suciedad y barro como un loto arrancado, parecida a un plenilunio con la luna devorada por Rahu, llena de dolor por su esposo, miserable, como un río de agua al que se le ha secado la corriente, como un loto con las hojas arrancadas o un ave temblorosa, como un lago de lotos de agua turbia, revuelta por las trompas de los elefantes; la veo delicada, con los miembros llenos de nobleza, acostumbrada a un palacio lleno de perlas, como quemada por el sol, como un loto arrancado, dotada de belleza, nobleza y virtud, digna de joyas, sin joyas, como la luna el primer día de cuarto creciente en un cielo cubierto de negras nubes, privada de satisfacer sus deseos amorosos, privada de la multitud de sus parientes, soportando la vida, la infortunada, por el deseo de ver a su esposo. Un esposo es la mejor joya para una mujer, sin necesidad de joyas; ésta, privada de él, no brilla aun llena de esplendor. Una cosa muy difícil de hacer hace Nala al soportar su propio cuerpo, privado de esta mujer, y no sucumbe de dolor. Al verla con su pelo negro, sus grandes ojos de flor de loto, digna de felicidad, desgraciada, es herido mi corazón. ¿Cuándo la hermosa llegará al fin del dolor, reuniéndose con su esposo, la virtuosa, como Rohini con la luna? Recobrando a Damayanti, volviendo a ocupar su tierra, el nisadha alcanzará la alegría, el rey que ha perdido su reino. El nisadha merece a la vidarbha, que es de semejantes costumbres y edad, de semejantes ascendientes, y a él ella, la de ojos negros. Es justo que yo consuele a la esposa de ese hombre de grandeza incomensurable, heroico, a ella que añora a su esposo. Voy a consolar a la de rostro semejante a la luna llena, no visitada antes por el dolor, llena de dolor, hundida en sus pensamientos.»

Vrihadazva dijo:

Después de reconocerla así por numerosas señales y distintivos, el brahamán Sudeva se acercó a la hija de Bhima y dijo:

«Yo soy Sudeva, oh vidarbha, amigo querido de tu esposo; por orden del rey Bhima he venido aquí a buscarte. Están sanos tu padre, la reina tu madre y tus hermanos; están sanos y prometen larga vida tus dos hijos. Por tu causa todos tus parientes están como anonadados y los brahmanes, buscándote, recorren cien veces la tierra.»

Reconociendo a Sudeva, Damayanti, oh Yudhisthira, preguntó por todas sus personas queridas, una tras otra. Y lloró mucho, oh rey, la vidarbha, deshecha de dolor, al ver de repente a Sudeva, el mejor de los nacidos dos veces, amado por su esposo.

Entonces Sunanda, al ver cómo ella, consumida por el dolor, oh bharata, lloraba y hablaba aparte con Sudeva, se lo contó todo a su madre: «La camarera llora mucho, reunida con un brahmán. Entérate por ella misma, si quieres.»

Y la madre del rey y señor de Cedi fue del gineceo al lugar donde estaba la joven con el brahmán. La madre del rey, oh señor de pueblos, se dirigió al brahmán y le preguntó: «¿De quién es esposa esta dama? ¿De quién es hija? ¿Cómo fue separada de sus parientes y de su esposo la de bellos ojos? ¿Cómo ha venido la virtuosa, puesto que te es conocida? Deseo oír de ti todo esto con detalle; háblame con verdad de esa mujer bella como una diosa, pues yo te lo pregunto.»

Al oír sus palabras, oh rey, Sudeva, el mejor de los nacidos dos veces, lleno de felicidad, habló de Damayanti conforme a la verdad.

Así el capítulo dieciséis de la historia de Nala.

Capítulo XVII

SUDEVA dijo:

El virtuoso rey de los vidarbhas se llama Bhima, lleno de gloria; esta hermosa es hija suya, Damayanti. Así es celebrada. Y el rey nisadha, hijo de Virasena, es Nala; esta hermosa es esposa de él, bien afamado, sabio. El señor de la tierra, vencido en el juego y perdido el reino, marchó con Damayanti y jamás ha sido vuelto a ver. Nosotros recorremos este país en busca de Damayanti: ella es esa joven que reside en el palacio de tu hijo. No hay una mujer semejante en belleza. La morena tiene un lunar nacido en medio de sus cejas; yo lo he visto. Ahora ha desaparecido, pues esta cubierto de suciedad, como la luna cubierta por una nube. Hecho señal distintiva para su felicidad fue formado por el creador[100]. La línea naciente de la luna no luce con intensidad cuando está cubierta de nubes; pero la belleza de esta mujer no desaparece aun con el cuerpo cubierto de lodo; aun sin adornos brilla al presentarse igual que el oro. La joven, delatada por su cuerpo y su lunar, es reconocida por mí, la reina, lo mismo que el fuego escondido por el calor.

Vrihadazva dijo:

---

[100] El Creador *(Dhatr)* corresponde, según las diferentes ideas o épocas, a Prajapati o Brahma; éste, que es el más verosímilmente aludido, no es aún en la épica más que uno de los 12 Adityas. Lo más frecuente es que se habla de *Dhatr* sin determinarle más.

Al oír las palabras de Sudeva, oh señor de pueblos, Sunanda lavó la suciedad que cubría el lunar. Y el lunar de Damayanti, quitada la suciedad, resplandeció como resplandece la lumbrera de la noche en un cielo sin nubes. Y al ver el lunar Sunanda y la madre del rey, oh bharata, la abrazaron llorando y estuvieron sin moverse durante un rato. Dejando el llanto poco a poco, la madre del rey dijo: «Eres la hija de mi hermana: te he reconocido por ese lunar. Yo y tu madre somos hijas del magnánimo rey de los dazarnas, de Sudaman, oh bella: ella fue entregada al rey Bhima, yo a mi vez a Viravahu; yo te vi cuando naciste, en los dazarnas, en casa de mi padre. Como la de tu padre, así es mi casa, oh ilustre; y como mi soberanía, Damayanti, así es la tuya.»

Damayanti, alegre, hizo una reverencia a la hermana de su madre y dijo: «Aun siéndote desconocida he vivido a gusto en tu palacio, atendidos todos mis deseos, protegida siempre por ti. Pero hay una morada más feliz que esa felicidad —no hay duda—: déjame irme, madre, pues que he estado fuera de mi casa tanto tiempo. Mis dos hijitos han sido llevados allí y allí viven, ¿mas cómo, privados de su padre y de mí, los infortunados? Si quieres hacer algo que me agrade, deseo ir a los vidarbhas: dame cuanto antes un carro.»

Así le contó Damayanti su dolor y la hermana de su madre, oh rey, dejó irse con consentimiento de su hijo a la ilustre, llena de ánimos, en un carro, oh el mejor de los bharatas, después de proveerla de comida y bebida. Y ella, en poco tiempo, llegó a los vidarbhas y todos sus parientes le hicieron los honores con regocijo. Vio sanos a todos sus parientes, sus dos hijos, su padre, su madre, a todas sus amigas, y honró a los dioses y los brahmanes, la gloriosa, según las costumbres establecidas, la reina Damayanti, oh señor de pueblos.

Satisfizo el rey a Sudeva con un millar de vacas, una

villa y dinero, alegre de ver a su hija. Ella, después de dormir y descansar, oh rey, habló así a la reina su madre:

«Si deseas que viva, oh madre, esfuérzate porque hagan venir a Nala, al héroe entre los hombres. Te lo digo en verdad.» Al oír hablar así a Damayanti, la reina, muy afligida, llena de llanto, no replicó una palabra. Y al verla en tal disposición, todo el gineceo se llenó de lamentos y lloró mucho. Entonces su esposa dijo a Bhima, el gran rey, estas palabras: «Damayanti, tu hija, gime por su esposo. Y abandonando toda reserva, ella misma me lo ha dicho, oh rey. Que tus mensajeros busquen con interés al Bien Afamado.»

El rey, informado por ella, envió a todas las regiones a los brahamanes sus súbditos: «Esforzaos en la búsqueda de Nala.» Y por orden del señor de los vidarbhas los brahmanes se dirigieron a Damayanti y dijeron: «Hemos sido enviados a ti.»

La hija de Bhima les habló entonces así: «Repetid en todos los reinos, en las reuniones de los hombres, en una y otra parte, una y otra vez, estas palabras: «¿Adónde te has ido de mi lado, traidor, cortando la mitad de mi vestido, abandonándome dormida en el bosque, el amado a la amada? Ella te espera allí sentada, como tú dijiste, quemada de aflicción, la joven, cubierta con la mitad del vestido. Está llorando, oh héroe: por su dolor, oh rey, ayúdala y di tu respuesta.» Esto y otras cosas hay que decir para que se compadezca de mí; el ardiente fuego incendia el bosque con ayuda del viento. «Ha de ser sostenida y protegida siempre la esposa por el esposo; ¿por qué tú que eres conocedor del deber has olvidado las dos cosas? Siempre eras celebrado como inteligente y noble, siempre eras compasivo y ahora has perdido la compasión, tal vez por la ruina de mi fortuna. Compadécete de mí, tigre humano. Yo misma te he oído antes decir que la humanidad es el primer deber.» Si cuando habléis así alguien os contesta, éste conoce sin duda quién es Nala y dónde se encuentra. Y la contestación que dé ese hombre a vuestras palabras, comunicádmela para que yo me entere, oh los mejores de los nacidos dos veces. Y de nuevo, incansables, debéis volver a él de modo que no conozca que habláis cumpliendo mis órdenes. Ya sea rico, ya pobre, ya sea deseoso de bienes, he de conocer su intención al contestar.»

Cuando Damayanti les hubo hablado así, marcharon los brahmanes en todas direcciones en busca de Nala, oh rey, caído entonces en el infortunio. Buscaron a Nala en las ciudades, en los reinos, en las aldeas, en los campamentos de vaqueros, en las ermitas de los ascetas; y los nacidos dos veces no lo encontraban, oh rey. Y aquí y allí todos ellos hacían oír, oh señor de pueblos, aquellas palabras que había pronunciado Damayanti.

Así el capítulo diecisiete de la historia de Nala.

Capítulo XVIII

AL cabo de largo tiempo un brahmán de nombre Parnada volvió a la ciudad y dijo a la hija de Bhima estas palabras:

«Buscando a Nala, oh Damayanti, llegué a la ciudad de Ayodhya y me presenté al hijo de Bhagasur. Hice oír a Rituparna el afortunado tus palabras, oh excelsa, según fueron dichas, oh mujer ilustre; y al oírlas no respondió una palabra Rituparna, el señor de hombres, ni ninguno de los presentes, aun interpelados por mí muchas veces. Cuando me despedí del rey me habló aparte un hombre de Rituparna, Vahuka por nombre, auriga del Indra entre los hombres, feo, de brazos cortos, famoso en conducir velozmente el carro, excelente cocinero. Suspirando muchas veces y llorando una y otra vez, me saludó y luego habló así: «Aun llegadas a la miseria se protegen a sí mismas las mujeres nobles, las virtuosas, conquistando el cielo; no hay duda. Y aun abandonadas por sus esposos no se encolerizan jamás; con la armadura de la virtud soportan la vida las mujeres excelsas. Por haber sido abandonada por el que está al pie del precipicio, por el loco, por el que ha perdido la dicha no debe ella encolerizarse. Contra el que se busca el sustento, el que perdió su vestido que le arrebataron las aves, el abrasado por sus propios pensamientos, la morena no debe encolerizarse, ya haya recibido bienes o males: pues que ve a su esposo en tal situación, arrebatado su reino, privado de su buena fortuna, hambriento, hundido en la miseria.» Al oír estas palabras he venido apresurado; después de oírlas, tú decide y comunícaselas al rey.»

Cuando Damayanti, llenos los ojos de lágrimas, oh señor de pueblos, oyó hablar así a Parnada, dijo a su madre en un lugar retirado:

«Este asunto no hay que decírselo a Bhima, oh madre, de ninguna manera; en tu presencia daré instrucciones a Sudeva, el mejor de los brahmanes. Y si deseas hacer algo que me sea grato, debes ayudarme a que Bhima no se entere de mi plan. Como yo he sido traída prontamente por Sudeva, con la misma fortuna vaya Sudeva prontamente a traer a Nala, oh madre, dirigiéndose a la ciudad de Ayodhya.» Después la vidarbha honró espléndidamente a Parnada, el mejor de los brahmanes, una vez que hubo descansado, con riquezas «y cuando venga Nala, brahmán, te daré más riquezas. Tú me has hecho un beneficio cual ninguno me hará otro, que me reúna con mi esposo, pronto sin duda, oh el mejor de los brahmanes.» Él, cuando oyó sus palabras, la bendijo con las fórmulas completas y marchó a su casa, satisfecho y lleno de ánimos.

Entonces Damayanti, oh Yudhisthira, dijo a Sudeva —habló en presencia de su madre, llena de dolor y aflicción:

«Ve, Sudeva, a la ciudad de Ayodhya y di a su rey Rituparna estas palabras, haciendo como si fueras espontáneamente: "Va a celebrar de nuevo una elección de marido Damayanti, la hija de Bhima, allá van todos los reyes e hijos de reyes. Y, según ha sido fijado el tiempo, será mañana; si has de estar presente, ve pronto, domador de enemigos. Al salir el sol elegirá segundo esposo; no se sabe si su marido Nala vive o no."»

Sudeva el brahmán fue y habló a Rituparna como ella le dijo.

Así el capítulo dieciocho de la historia de Nala.

Capítulo XIX

VRIHADAZVA dijo:
   Rituparna, el rey de hombres, cuando oyó a Sudeva, dijo a Vahuka, con voz amable, conciliándoselo: «Deseo ir a los vidarbhas a la elección de marido de Damayanti en un solo día, si tú, experto en caballos, lo crees posible, oh Vahuka.»

El corazón de Nala, interpelado así por el rey, oh kaunteya, se desgarró de dolor y pensó el magnánimo:

«¿Es posible que Damayanti diga o haga esto por causa de su dolor, la desgraciada? ¿O bien será una estratagema maquinada para mi bien? ¿Desea hacer, ay de mí, una mala acción[101] Damayanti, la infortunada, ofendida por el vil de mí, la desgraciada por el malvado? La naturaleza de la mujer es inconstante en el mundo y mi culpa tremenda; puede ser que sea así y que lo haga, perdido el amor por la ausencia, enloquecida por el dolor que le causé y por la desesperación. Pero es imposible que lo haga, sobre todo a causa de sus hijos. Lo que hay allí de verdad y de mentira, yendo me enteraré. Cumpliré el deseo de Rituparna por mi propio interés.» Así pensando en su espíritu, Vahuka, con el alma atormentada, hizo el anjali y habló así a Rituparna, el rey de hombres: «Res-

---

[101] Un segundo matrimonio es considerado infausto (Manu V 161), aunque no debía de ser raro. Una viuda virtuosa se dedica a las devociones; la sistematización de la muerte de las viudas es de época muy posterior.

pondo afirmativamente a tu palabras; iré, rey de hombres, en un día, tigre humano, a la ciudad de los vidarbhas, oh rey.»

Y Vahuka, por orden del rey hijo de Bhangasur, oh rey, entró en las cuadras y examinó los caballos. Rituparna le daba prisa; pero él quería conocer bien los caballos y los examinaba detenidamente. Eligió caballos delgados, apropiados para los caminos, resistentes, hermosos y robustos, de raza y de buena naturaleza, carentes de malas señales, con las aberturas de la nariz grandes, de gran mandíbula, con las regiones sin color libres de manchas, caballos de la región del Indo, veloces como el viento. Al verlos dijo el rey, un tanto disgustado: «¿Qué has querido hacer? No me engañes. ¿Cómo van a llevarme estos caballos débiles, de aliento corto? ¿Cómo van éstos a recorrer un largo camino?

Vahuka dijo:

«Uno se puede reconocer por la frente, dos por la cabeza, dos por los costados, dos por el pecho, uno por el andar. Estos caballos llegarán a los vidarbhas, no lo dudes; pero si deseas otros, señálamelos, yo los engancharé.»

Rituparna dijo:

«Tú eres famoso, oh Vahuka, como entendido en caballos: engancha pronto los que quieras.»

Vrihadazva dijo:

Entonces el noble Nala enganchó al carro aquellos cuatro hermosos caballos, de raza y de buena naturaleza, veloces. Y cuando el rey llegó presuroso al carro se pusieron de rodillas sobre el suelo los excelentes caballos. Entonces el señor de hombres, el ilustre, el rey Nala, oh señor de pueblos, acarició a los caballos veloces y fuertes. Y una vez enfrenados los caballos, Nala estaba deseoso de partir; hizo subir al auriga Varsneya y los lanzó a una gran velocidad. Los excelentes caballos, sabiamente regidos por Vahuka, se precipitaron al espacio, derribando casi al auriga. Al ver a aquellos magníficos caballos que corrían como el viento, el ilustre señor de Ayodhya quedó lleno de admiración. Y al oír el ruido del carro y ver cómo gobernaba los caballos, Varsneya consideró la ciencia de Vahuka sobre los caballos:

«¿Será éste Matali, el auriga del rey de los dioses? Tan gran señal de reconocimiento presenta el héroe Vahuka. ¿O será Zalihotra, conocedor de la raza de los caballos, que se presenta en un hermoso cuerpo humano? ¿O será el rey Nala, el conquistador de las ciudades enemigas, el señor de hombres?» Así pensaba. «¿O tal vez Vahuka conoce la misma ciencia que Nala? Semejantes aparecen la sabiduría de Vahuka y la de Nala. Semejantes son también las edades de Vahuka y de Nala. Si éste no es el gran héroe Nala, es otro que sabe tanto como él. Ocultos recorren la tierra los magnánimos, obedeciendo al destino, con su verdadera forma oculta. ¿No cambiaré de opinión? Por su deformidad estoy privado de una prueba. Ésta es mi opinión. Pero su semejanza de edad es una prueba, aunque su forma difiera. En definitiva, pienso que Vahuka es Nala, el dotado de todas las virtudes.»

Así pensaba Varsneya, el auriga del Bien Afamado, después de reflexionar muchas veces. Y Rituparna, el Indra entre los reyes, pensando en la ciencia de los caballos de Vahuka, se alegraba, el rey, junto con el auriga Vahuka. Y viendo su extramada atención en el gobierno de los caballos y su gran celo, se regocijaba extraordinariamente.

Así el capítulo diecinueve de la historia de Nala.

Capítulo XX

VRIHADAZVA dijo:

Atravesó Nala en breve tiempo ríos y montañas, bosques y lagos, como un ave que surca el espacio. Así avanzaba en el carro el rey hijo de Bhangasur, cuando vio que había perdido su manto. Y al caerse el manto «lo cogeré», dijo a Nala presuroso el magnánimo rey: «Detén, oh hombre inteligente, esos veloces caballos; que Varsneya, en tanto, me lo traiga.» Nala le respondió: «Lejos de aquí se ha perdido tu manto. No es posible recogerlo porque ha quedado un yojana[102] atrás.»

El rey hijo de Bhangasur, al oír la respuesta de Nala, se acercó, en el bosque, a un *vibhitaka*[103] con sus frutos. Y al verlo dijo, presuroso, a Vahuka: «Mira, auriga, mi ciencia extraordinaria en el contar. Un solo hombre no puede saber todas las cosas; no hay nadie conocedor de todo. No hay perfección del conocimiento en el hombre. Las hojas y frutos de este árbol que están caídas por aquí, son ciento más uno: una hoja más de ciento y un fruto más de ciento, oh Vahuka. Hay cincuenta millones de hojas en

---

[102] Al yojana se le atribuyen de 5 a 15 km., según los autores. Tratándose de números —ya sean distancias, combatientes de una batalla, tiempo—, los datos de la épica india son de una exageración inconcebible. Véanse un poco más adelante los millones de hojas de un árbol.

[103] Sobre el árbol *vibhitaka*, véase nota 71. Para lo que sigue, téngase en cuenta que el *vibhitaka* es usado para probar la ciencia de los dados y la numeración de Rituparna (asimiladas) porque sus frutos se usaban como dados.

dos ramas del árbol. Coge dos ramas con sus ramitas: tienen dos mil frutos más un ciento menos cinco.» Entonces Vahuka detuvo el carro y dijo: «Cuentas algo que no ves, oh rey destructor de enemigos. Lo haré visible contando el *vibhitaka;* una vez que lo haya contado, oh rey, no habrá invisibilidad. Delante de ti, gran rey, contaré el vibhitaka; yo sé si es como tú dices o no. Contaré sus frutos ante tu vista, oh rey de las gentes; tenga Varsneya durante unos momentos las riendas de los alados caballos.» El rey le dijo: «No es ésta ocasión de detenerse.» Y Vahuka le replicó, haciendo un supremo intento: «Espera un momento, o si no date prisa; éste es el buen camino, ve con Varsneya como auriga.»

Habló Rituparna entonces halagándolo, oh kaurava: «No hay en la tierra un conductor de carros como tú, oh Vahuka. En ti confiado, oh experto en caballos, deseo ir a los vidarbhas; en ti me he refugiado, no me pongas obstáculos. Yo cumpliré tu deseo en reconocimiento a que me llevas, si al llegar a los vidarbhas me haces ver todavía el sol.» Y Vahuka le replicó: «Déjame contar el vibhitaka; luego te llevaré a los vidarbhas; cumple mis palabras.»

Como sin ganas: «cuenta, le dijo, cuenta una parte que yo te muestre de una rama de este árbol, inmaculado; entonces, alégrate, conociendo la verdad». Nala bajó rápido del carro y contó el árbol. Y admirado dijo al rey: «Los he contado y había los frutos que tú dijiste. He visto tu ciencia maravillosa, oh rey; deseo conocer el medio por el que se aprende esa ciencia.» El rey, lleno de prisa por marchar, le respondió: «Sabe que soy hábil en el juego de dados y entendido en la ciencia de contar.»

Y Vahuka entonces le dijo: «Dame esa ciencia; toma de mí la ciencia de los caballos, oh toro entre los hombres.» Rituparna, viendo la importancia del trato y deseoso de la ciencia de los caballos, habló de esta manera:

«Sea como has dicho. Toma esta ciencia extremada de los dados. Mi compensación, la ciencia de los caballos, está en ti, oh Vahuka.» Y así diciendo, Rituparna dio la ciencia a Nala; al recibir éste la ciencia de los dados, Kali salió de su cuerpo mientras vomitaba largamente por su boca el violento veneno de Karkotaka.

El fuego de la maldición salió del mísero Kali: atormentado por él el rey había estado fuera de sí durante mucho tiempo. Kali, entonces, libre del veneno, tomó su forma natural y el rey de los nisadhas, Nala, airado, quiso maldecirlo. Kali le habló, lleno de miedo, temblando, haciendo el anjali: «Contén tu ira, señor de hombres, yo te daré una gloria extraordinaria. La madre de Indraseno, airada, me maldijo hace tiempo, cuando fue abandonada por ti; desde entonces viví en ti, lleno de tormentos, oh Indra entre los reyes, lleno de dolor, oh invicto, quemado día y noche por el veneno del rey de las serpientes. En ti busco refugio, oye mis palabras: los hombres que celebren en el mundo tu gloria sin cansarse, jamás sentirán un dolor causado por mí, si tú no me maldices, ya que atemorizado pido tu socorro.»

Cuando Kali le habló así, el rey Nala aplacó su ira; y Kali, atemorizado, se metió en el *vibhitaka*. Kali fue invisible para los demás mientras hablaba con Nala.

Entonces el rey Nala, el exterminador de enemigos, libre de su aflicción una vez desaparecido Kali, alegre en extremo por haber contado el *vibhitaka*, subió al carro, lleno de majestad, y partió con los veloces caballos. Y el *vibhitaka* quedó infame por haber acogido a Kali.

Nala, lleno de alegría, estimulaba una y otra vez a aquellos excelentes caballos que volaban como los nacidos dos veces[104]. Iba cara a los vidarbhas el glorioso rey; al marcharse, Kali se fue a su morada.

---

[104] Son los pájaros: el primer nacimiento es el del huevo y el segundo el del pájaro.

Y el rey Nala quedó libre de su anajenación al salir Kali de su cuerpo, oh rey; sólo le faltaba aún su verdadera forma.

Así el capítulo veinte de la historia de Nala.

Capítulo XXI

VRIHADAZVA dijo:
  El pueblo hizo saber al rey Bhima que Rituparna, el realmente heroico, había llegado al atardecer a los vidarbhas; por orden de Bhima, el rey penetró en la ciudad de Jundina haciendo resonar con el ruido del carro todos los puntos cardinales con sus regiones intermedias. Los caballos de Nala[105] oyeron el ruido del carro, y al oírlo se alegraron como lo hacían antes. También Damayanti oyó el ruido que hacía Nala con el carro, como el de una nube que truena sordamente en la estación de las lluvias. Llena de sorpresa al oír aquel gran ruido, semejante al de los caballos de Nala al ser conducidos en otro tiempo por Nala, la hija de Bhima pensaba que aquel ruido de caballos era semejante. Los pavos reales del palacio, los elefantes en los establos, los caballos, oyeron el ruido del carro del señor de la tierra; al oírlo, los elefantes y los pavos reales, estirando la cabeza, inquietos, emitieron un ruido semejante a cuando llaman a la lluvia.

Damayanti dijo:
  «¡Cómo ilumina mi corazón ese ruido del carro que parece llenar la tierra!: ése es Nala, el señor de la tierra. Si hoy no veo a Nala, al del rostro de luna, al héroe, no vi-

---

[105] Recuérdese que, al desterrarse Nala, su coche y caballo fueron llevados a los vidarbhas por Varsneya.

viré, no hay duda. Si el nisadha de voz como la de una nube no llega ante mí, hoy mismo me arrojaré al brillante como el oro, al devorador de ofrendas. Si el valiente como un león, impetuoso como un elefante en celo, el Indra entre los reyes, no llega ante mí, pereceré, no hay duda. No recuerdo que haya dicho una mentira, no recuerdo una injuria ni una palabra sin cumplir, ni aun en las cosas indiferentes. Es dominador, resistente a la fatiga, héroe, liberal, superior a los reyes, y no hace en secreto cosas viles, como un eunuco, mi nisadha. Cuando recuerdo sus virtudes, entregada a ello de día y de noche, mi carazón privado de alegría se parte de dolor.»

Así lamentándose como perdido el dominio sobre sí misma, oh bharata, subió al gran palacio, deseosa de ver al Bien Afamado. Entonces vio en el patio central un carro que llegaba, en el que iba Rituparna, señor de la tierra, junto con Varsneya y Vahuka. Una vez que Varsneya y Vahuka bajaron del mejor de los carros, soltaron las riendas de los caballos y calzaron el carro. Rituparna, señor de hombres, bajó del carro y se presentó a Bhima, el gran rey, el verdaderamente valeroso. Bhima lo acogió con honores extraordinarios; y pensaba que el ilustre no había llegado repentinamente sin alguna causa. «¿A qué has venido? —le preguntó el rey—, oh bharata?» No sabía el señor de hombres que había venido a causa de su hija. Y Rituparna el rey, sabio, valiente de verdad, no veía a ningún rey ni príncipe, ni que se hablase de la elección de marido, ni de reunión de brahmanes. Entonces el rey, señor de los kozalas, haciendo cuentas para sí, «he venido —dijo— para saludarte».

Pero el rey Bhima, sonriendo, consideró la causa de que hubiese hecho un viaje de más de cien yojanas: «Ha dejado atrás muchos pueblos; la causa de su venida no es ésa en realidad. Es insuficiente lo que me ha dicho para explicar su venida. Más adelante conoceré la causa que tiene ahora.» Pensando así, le hizo los honores el rey y le despidió: «descansa —le dijo una y otra vez—, estás fatigado». Y el rey, bien recibido, alegre, con el corazón alegre, seguido por sus servidores, entró en la residencia que le mostraron.

Cuando el rey Rituparna se marchó acompañado de Carsneya, oh rey, Vahuka subió al carro y entró en la cochera. Desenganchó los caballos y los cuidó según las reglas; y después de acariciarlos, se metió en el carro.

En tanto, la afligida Damayanti, al ver al rey hijo de Bhangasur en compañía del hijo de auriga Varsneya[106] y de Vahuka que tenía aquella apariencia, pensó, la vidarbha: «¿De quién era aquel ruido del carro? Era grande como el de Nala, pero no veo al nisadha. No hay duda de que sería de Varsneya y de que aprendió esa ciencia: él es el que hoy hacía producir al carro aquel ruido, grande como el de Nala. ¿O tal vez Rituparna sea como el rey Nala? Hasta tal punto el ruido del carro parece como si fuera del nisadha.»

Así pensando, Damayanti, oh señor de pueblos, envió una bella mensajera en busca del nisadha.

Así el capítulo veintiuno de la historia de Nala.

---

[106] Esto es, auriga.

Capítulo XXII

DAMAYANTI dijo:

«Ve, Kezini, entérate de quién es ese auriga metido en el carro, feo, de cortos brazos. Llégate y saluda, amiga, con dulzura y atenta a tu cometido, a ese hombre, oh irreprochable. Tengo una gran duda de si es el rey Nala, lo que sería la satisfacción de mi deseo y el apaciguamiento de mi corazón. Y cuéntale al fin de la conversación las palabras de Parnada. Grábate bien su respuesta, hermosa de caderas, irreprochable.» La mensajera fue atenta a sus órdenes y habló a Vahuka. Y Damayanti, la hermosa, los miraba desde la terraza.

Kezini dijo:

«Bienvenido seas, Indra entre los hombres, yo te saludo. Sabe las palabras de Damayanti, toro entre los hombres: ¿cuándo habéis venido? ¿Por qué causa? Dilo verídicamente: la vidarbha desea oírlo.»

Vahuka dijo:

Oyó hablar el rey de los Kozalaes de la segunda elección de marido de Damayanti: «Mañana será», dijo un brahmán. Al oírlo el rey partió con sus excelentes caballos que recorrieron cien yojanas. Yo soy su auriga.

Kezini dijo:

¿Y quién es aquel tercero? ¿De dónde procede o de quién es hijo? ¿Y tú quién eres y cómo te has impuesto esa tarea?

Vahuka dijo:

Es Varsneya, auriga del Bien Afamado; cuando Nala desapareció, amiga, entró al servicio del hijo de Bhangasur. Yo soy entendido en caballos y familiarizado con el arte de conducir carros; Rituparna me ha elegido para auriga y cocinero.

Kezini dijo:

¿Y sabe Varsneya dónde ha ido el rey Nala y cómo? Él te lo habrá contado, oh Vahuka.

Vahuka dijo:

Después de dejar aquí a los hijos de Nala, el del Karma[107] funesto, marchó aquél libremente y no tiene noticias del nisadha. Ni ningún otro hombre sabe de Nala, oh gloriosa; oculto recorre el mundo perdida su forma, el señor de la tierra. Él sólo sabe de sí mismo; pero a los que están junto a él, jamás Nala les deja ver sus señales distintivas.

Kezini dijo:

¿Y quién es aquel brahmán que fue a Ayodhya y que una y otra vez pronunciaba por encargo de una mujer estas palabras: «¿A dónde te has ido de mi lado, traidor, cortando la mitad de mi vestido, abandonándome dormida en la selva, el amado a la amada? Ella te espera allí sentada, como tú le dijiste, quemada de aflicción la joven, cubierta con la mitad del vestido. Siempre está llorando, oh héroe; por su dolor, oh rey, ayúdala y da tu respuesta.» Contéstale aquellas amadas palabras, oh hombre inteligente; la vidarbha desea oír aquella respuesta misma. Cuando oíste al brahmán le respondiste en verdad; lo que antes, ahora de nuevo desea oír de ti la vidarbha.

Vrihadazva dijo:

Así habló Kezini y el corazón de Nala, oh kaurava, se conmovió; sus ojos se llenaron de lágrimas. Y el rey de la

---
[107] Véase nota 86.

tierra, conteniendo su dolor, quemado por él, repitió lo mismo con voz entrecortada por las lágrimas:

«Aun llegando a la miseria se protegen a sí mismas las mujeres nobles, las virtuosas, y conquistan el cielo; no hay duda. Y aun abandonadas por sus esposos no se encolerizan jamás; con la armadura de la virtud soportan la vida las mujeres excelsas. Por haber sido abandonada por el que está al pie del precipicio, por el loco, por el que ha perdido la dicha, no debe ella encolerizarse. Contra el que busca el sustento, el que perdió su vestido arrebatado por las aves, el abrasado por sus propios pensamientos, la morena no debe encolerizarse, ya haya recibido bienes o males; pues que ve a su esposo en tal situación, arrojado de su reino, privado de su buena fortuna, hambriento, hundido en la miseria.»

Cuando pronunció estas palabras, Nala, lleno de dolor, no pudo retener el llanto. Y lloró, oh bharata. Entonces Kezini fue y contó a Damayanti todo lo que habían hablado y la manera de conducirse de aquel hombre.

Así el capítulo veintidós de la historia de Nala.

Capítulo XXIII

V RIHADAZVA dijo:
    Damayanti, cuando lo oyó, llegada al extremo
de la aflicción y pensando que aquel hombre era
Nala, habló así a Kezini: «Ve otra vez, Kezini, observa a
Vahuka de cerca y sin hablarle espía su conducta, vigilando cómo procede si hace allí alguna cosa. Y para ponerle
obstáculos no le des fuego, Kezini, ni tengas tampoco
agua, aunque te lo pida. Después de observar toda su manera de comportarse, hazme saber las señales divinas[108]
que veas en Vahuka.»

Así interpelada por Damayanti, marchó Kezini: y después de ver las señales del experto en caballos, volvió de
nuevo. Y contó a Damayanti todo lo que había ocurrido
y las señales divinas que había visto en Vahuka.

Kezini dijo:

Es un hombre de santa conducta. Nunca he visto ni
me han hablado de un hombre como éste, oh Damayanti.
Al entrar por una puerta de poca altura jamás se inclina;
al verle se eleva según aquél necesita y desea[109]. Rituparna le envía una gran cantidad de alimentos para que se

---

[108] Se refiere a los dones que los dioses hicieron a Nala cuando se casó con
Damayanti y que Kezini encuentra, en efecto, en Vahuka. El no darle agua ni
fuego es para ver si puede producirlos a voluntad, según el poder que los dioses
dieron a Nala.

[109] Don de Zakra.

los guise, y mucha carne. Allí hay dispuestos jarros para hacer las abluciones: al mirarlos él se llenaron de agua. Cuando hizo las abluciones, Vahuka, para hacer fuego, colocó al sol un puñado de hierbas secas; y al punto brotó el que se lleva las ofrendas[110]. Cuando vi esta maravilla me vine llena de estupor. Otro gran prodigio vi en ese hombre: aunque toque el fuego no se quema, amiga, y con sólo quererlo él el agua vertida desaparece al instante. Y aún he visto otro portento extraordinario: tomaba flores y las apretaba suavemente con las manos, y las flores, apretadas por sus manos, se hacían aún más olorosas y frescas. Cuando vi estas señales maravillosas me vine corriendo.

Vrihadazva dijo:

Damayanti, enterada de la manera de obrar del Bien Afamado, pensó que había llegado Nala y que su karma estaba fijado según su deseo. Conjeturando que se trataba de su esposo Nala, que había tomado la forma de Vahuka, otra vez habló a Kezini, llorando, con dulce voz: «Ve otra vez, toma un trozo de carne guisado por Nala cogiéndolo de la cocina cuando esté descuidado y tráemelo, ilustre.»

Fue ella a donde estaba Vahuka, cogió apresuradamente un trozo de carne muy caliente y al instante, realizando una grata misión, se lo dio a Damayanti, oh kaurava. Ella, bien acostumbrada antes a la carne guisada por Nala, al probarla y reconocer a Nala en el auriga, dio un grito, muy afligida. Poseída por una gran agitación, después de lavarse la boca[111], envió a sus dos hijos junto con Kezini, oh bharata.

Y cuando Vahuka reconoció a Indrasena y su hermano, corriendo entonces el rey, los abrazó y los tomó so-

---

[110] El fuego.
[111] Por haber comido. Se debe hacer también después de dormir, decir mentiras, etc.

bre sí. Al coger a sus dos hijos, semejantes a los hijos de los dioses, atravesada el alma de dolor, lloró con vehemencia. Pero el nisadha recordó su cambio de forma, y dejando con presteza a los niños, habló así a Kezini: «Mis dos hijos se parecen a éstos, amiga; al verlos rompí a llorar. La gente puede pensar mal de ti al verte venir tantas veces, y nosotros somos huéspedes de la casa; ve, amiga, donde quieras.»

Así el capítulo veintitrés de la historia de Nala.

Capítulo XXIV

VRIHDAZVA dijo:
       Kezini, al ver la emoción del sabio Bien Afamado, fue velozmente ante Damayanti y se lo hizo saber. Damayanti entonces envió de nuevo a Kezini a su madre, afligida, deseosa de ver a Nala. «He hecho la prueba de Vahuka por sospecha de que sea Nala; en la forma está la única duda que me queda. Deseo enterarme por mí misma. Que él entre, madre, o déjame salir; arréglalo sabiéndolo o no mi padre.» La reina, enterada de las palabras de la vidarbha, habló a Bhima, y el rey consintió en el deseo de su hija. Ésta, autorizada por su padre y su madre, oh toro entre los bharatas, hizo entrar a Nala en su habitación.

Tan pronto como el rey Nala vio a Damayanti, invadido por la aflicción y el dolor, sintió sus ojos llenos de lágrimas. Y Damayanti, al ver así a Nala, se llenó de una tristeza profunda, la hermosa. Entonces, cubierta con un traje rojo[112], enmarañados los cabellos, llena de suciedad y lodo, Damayanti, oh gran rey, habló así a Vahuka:

¿Viste una vez a un conocedor del deber, Vahuka, que abandonó a su mujer dejándola dormida en la selva inhabitada, a su inocente y querida esposa, llena de fatiga? Mas ¿quién es el que se va si no es Nala, el Bien Afama-

---

[112] Color usado por los ascetas en la selva.

do? ¿Qué mal he hecho desde mi infancia, señor de la tierra, que me abandonó en el bosque dejándome dormida? ¿Cómo me ha abandonado el que elegí con mis propios ojos despreciando a los dioses, si le soy fiel, amante, madre de sus hijos? Tomó él mi mano delante de los dioses y dijo: «seré tu esposo», prometiéndome la verdad. ¿Adónde ha ido esto?

Mientras decía Damayanti todo esto, oh domador de enemigos, de sus ojos negros, enrojecidos en los ángulos, corrían abundantes lágrimas de infelicidad, hijas de su dolor. Nala, al ver fluir aquel llanto, habló así a la afligida:

El haber perdido mi reino no lo hice yo: lo hizo Kali, oh tímida, y el que yo te abandonara, y el que me mataras de dolor, viviendo en la selva, afligida por la desgracia. Por esto sin duda le maldijiste, puesta en dificultad para cumplir tus deberes religiosos. Kali habitó en mi cuerpo, quemado continuamente por tu maldición, como el fuego puesto sobre el fuego. Mi resolución y mi fervor lo vencieron; y el fin de aquel dolor ha de venir para los dos, hermosa. Dejándome libre marchó el malvado y entonces vine aquí por causa tuya, ancha de caderas; no tuve ningún otro móvil. Mas ¿cómo una mujer dejaría a su marido amante y fiel para elegir a otro como tú haces, tímida? Los mensajeros recorren la tierra toda por orden del rey: «La hija de Bhima elegirá un segundo marido eligiendo libremente al que desee, al que sea digno de ella.»

Al oír la queja de Nala, Damayanti, haciendo el anjali, temblando, temerosa, le habló así:

No pienses mal de mí, excelente: yo desprecié a los dioses para elegirte a ti, rey de los nisadhas. Para hacer que vinieras partieron todos los brahmanes, recitando mis palabras, por las diez regiones[113]. Fue entonces cuan-

---

[113] En el capítulo XXI (comienzo) se habla de «todos los puntos cardinales, con sus regiones intermedias». Aquí se cuentan, además, el cenit y el nadir.

do un sabio brahmán, Parnada por nombre, oh rey, te encontró en los kozalas, en el palacio de Rituparna. Por tu causa fueron imaginadas las palabras así pronunciadas: yo ideé esta estratagema, oh nisadha, para traerte. A no ser tú no hay en el mundo, oh señor de la tierra, un hombre capaz de recorrer con el carro cien yojanas en un solo día. Rozaré tus pies[114], señor de la tierra, por esta verdad: que no he hecho nada malo ni en pensamiento. El que nunca reposa[115] recorre el mundo, testigo de lo que hacen los seres: que me quite la vida si he hecho algo malo. El de rayos penetrantes[116] recorre siempre el universo: que me quite la vida si he hecho algo malo. La luna pasa delante de todos los seres como un testigo: que me quite la vida si he hecho algo malo. Estos tres dioses guardan los tres mundos todos: digan la verdad o si no abandónenme hoy.

Cuando ella le habló así, Vayu dijo: «No ha hecho ésta nada malo; Nala, te lo digo en verdad. Nosotros tres hemos contemplado y guardado a ésta durante tres años. Este engaño lo hizo ella por tu causa, oh tú a quien nadie se asemeja: pues nadie recorre en un día cien yojanas sino tú. Has encontrado a la hija de Bhima y ella a ti, señor de la tierra. No lo dudes, vuelve a vivir con tu esposa.» Mientras así hablaba Vayu, caía una lluvia de flores[117], sonaban los tambores de los dioses y soplaba una alegre aura. Al ver aquel prodigio, el rey Nala, oh bharata, abandonó su sospecha de Damayanti, el domador de enemigos. Entonces el rey de la tierra se vistió aquel vestido carente de polvo, acordándose del rey de los nagas: y re-

---

Otra división corriente es en seis regiones (los puntos cardinales y el cenit y nadir). Todos estos puntos están protegidos cada uno por un dios.

[114] Equivale a un juramento particularmente solemne.

[115] Vayu, el Viento.

[116] Surya, el Sol.

[117] Signo frecuente de aprobación divina, así como el que sigue.

cobró su propio cuerpo. Y al ver la hija de Bhima a su esposo con su propia forma dio un grito, abrazando al Bien Afamado, la irreprochable. El rey Nala, resplandeciente como antes, abrazó a la hija de Bhima y acogió con caricias a sus hijos. La del brillante rostro después de hacer reclinar sobre su rostro la cabeza de aquél, atravesada por el dolor, gimió, la de los grandes ojos. Y el tigre entre los hombres, mientras abrazaba a la de la dulce sonrisa aún llena de suciedad, se quedó quieto, largo rato, sumergido en su dolor.

La madre de la vidarbha contó a Bhima con alegría todo según había sucedido, oh rey. Habló el gran rey: «Mañana veré a Nala, reunido hoy con Damayanti, cuando haya hecho su purificación y haya pasado una noche feliz.»

Vrihadazva dijo:

Los dos pasaron juntos la noche, llenos de alegría, contando todo el antiguo errar por la selva. En la casa de Bhima, el señor de la tierra, vivían con el corazón alegre, deseando uno el placer del otro, la vidarbha y Nala. Éste, reunido al fin con su esposa en las cuartas lluvias, satisfechos todos sus deseos, tenían un gozo extraordinario. Y también Damayanti, al reunirse con su esposo, se llenó de vigor, como la tierra que recibe agua cuando las mieses están a medio nacer. Reunida con su esposo, libre de su cansancio, calmado su tormento, ensanchado de alegría su corazón, resplandecía la hija de Bhima, conseguido su deseo, como la noche cuando sale la de fríos rayos[118].

Así el capítulo veinticuatro de la historia de Nala.

---

[118] Candrama, la Luna.

Capítulo XXV

VRIHADAZVA dijo:
        Después de pasar aquella noche, el rey Nala,
        bien ataviado, acompañado de su esposa, fue a
ver en tiempo oportuno al rey de la guardadora de tesoros. Nala saludó respetuosamente a su suegro; y Damayanti a continuación rindió homenaje a su padre, la
hermosa. Acogió a aquél Bhima como a un hijo, con gran
alegría; y cuando lo hubo honrado como era justo, recon-
fortó el poderoso a Damayanti que acompañaba a Nala, a
la fiel al marido. Nala el rey recibió aquellos honores en
forma conveniente y se le ofreció como era natural.
Hubo entonces en la ciudad un alegre ruido, hijo de la
alegría, producido por el pueblo regocijado al enterarse
de la llegada de Nala. Adornaron la ciudad con banderas
y guirnaldas; las grandes calles fueron regadas y cubiertas
de brillantes flores; fueron honrados todos los altares de
los dioses.

También Rituparna se enteró de que Nala había lleva-
do la apariencia de Vahuka y se había reunido con Damayanti; y se alegró el señor de hombres. Nala hizo venir
al rey y se excusó ante él; se excusó dándole sus razones,
el muy inteligente. Él, agasajado como huésped, felicitó
al nisadha, resplandeciente el rostro: «¡Oh felicidad! Has
encontrado a tu esposa. ¿No te habré hecho alguna ofensa, oh nisadha, cuando habitabas desconocido en mi pala-

cio, señor de la guardadora de tesoros? Si pensándolo o sin pensarlo he hecho contigo algo que no debía haber hecho, perdóname.»

Nala dijo:

«No me hiciste ninguna ofensa, por pequeña que fuera: Y aunque la hubieras hecho, debo perdonarte porque antes eras mi amigo y mi pariente, señor de las gentes. Desde ahora debes volver a proporcionarme alegrías: pues he vivido a gusto en tu casa, conseguido lo que deseaba. No siempre he vivido en mi palacio como en el tuyo. Y aquella tu ciencia de los caballos que está en mí, te pertenece[119] y quiero entregártela, si lo deseas, oh rey. Así hablando dio el nisadha la ciencia a Rituparna; y éste la recibió en forma conveniente. Y después de recibir la ciencia de los caballos, oh rey, el rey hijo de Bhangasur tomó otro auriga y marchó a su ciudad. Ido Rituparna, oh rey, el rey Nala, oh señor de pueblos, vivió en la ciudad de Kundina durante no mucho tiempo.

Así el capítulo veinticinco de la historia de Nala.

---

[119] Nala se la prometió a cambio de la ciencia de los dados.

Capítulo XXVI

V RIHADAZVA dijo:
    Después de permanecer allí un mes, saludó a
    Bhima el nisadha y salió de la ciudad en dirección
a los nisadhas acompañado de un pequeño séquito: iba
en un espléndido carro y le acompañaban 16 elefantes,
50 caballos y 600 infantes. El señor de la tierra con la ce-
leridad que llevaba parecía que hacía temblar la tierra e
hizo impetuosa irrupción, lleno de ira, el magnánimo. Se
acercó a Puskara el hijo de Virasena, Nala, y le dijo: «Juguemos otra vez: he adquirido muchas riquezas. Damayanti y todo lo demás que tengo es mi apuesta: sea la
tuya el reino, oh Puskara. Juguemos otra vez, ésa es mi
decisión inalterable; y en un solo juego apostemos también las vidas. Cuando uno vence y se apodera de lo del
otro, ya sea el reino, ya sean las riquezas, debe permitir
un juego de desquite: eso se llama un deber no rehusable.
Y si no quieres el juego de los dados, emprendamos el
juego de la lucha: que o tú o yo quedemos satisfechos por
medio de un combate singular, oh rey. Este reino heredi-
tario de nuestra familia ha de ser conquistado por todos
los medios y mediante cualquier traza: ésta es la sentencia
de los viejos. Tenga lugar hoy una u otra de estas dos de-
cisiones, Oh Puskara: sea por el juego, o bien con los dados, o bien tensando el arco para la pelea.»
    Así interpelado por el nisadha, Puskara, casi riendo,

pensando que la victoria era suya, contestó al señor de la tierra: «Es una suerte que hayas adquirido riquezas para el juego de desquite, oh nisadha; es una suerte que el difícil asunto de Damayanti haya llegado a su fin; es una suerte, oh rey, que estés vivo hoy día con tu esposa, oh el de los grandes brazos. La hija de Bhima, adornada con esas riquezas que yo ganaré, me acompañará sin duda, como en el cielo las Apsaras a Zakra. Pues siempre te recuerdo y te espero, oh nisadha. No encuentro placer en jugar con la turba de los que no estimo. Cuando gane en el juego a Damayanti, la de hermosas caderas, quedaré satisfecho: pues siempre la llevo en el corazón.»

Al oírle pronunciar aquellas palabras llenas de insensateces, quiso el encolerizado Nala cortarle la cabeza con la espada; pero sonriendo, con los ojos inyectados de sangre por la cólera, le dijo Nala: «Vamos a jugar. ¿Por qué hablas? No hablarás cuando seas vencido.» Y empezó el juego de Puskara y de Nala. En un juego fue aquél vencido por el héroe Nala. En el juego ganó éste montones de joyas y oro.

Una vez vencedor de Puskara, el rey le habló así con una sonrisa: «Mío es este reino todo, libre de disturbios, con sus enemigos muertos. No puedes esperar la vidarbha, oh el último de los reyes: a su servicio has quedado tú con tus servidores, necio. No hiciste tú que yo fuera vencido en otro tiempo: Kali lo hizo y tú necio, no lo sabes. No descargaré en ti la ira por una acción que es de otro. Vive como quieras, yo te otorgo la vida. De igual modo te perdono los bienes. Esta es mi voluntad para ti, no lo dudes, oh héroe, y mi amistad no se separará nunca de ti. Puskara, tú eres mi hermano: vive cien años.»

Así consoló Nala, el heroico en verdad, a su hermano y lo envió a su ciudad, después de abrazarlo una y otra vez. Consolado por su hermano, Puskara respondió entonces al Bien Afamado, oh rey, después de inclinarse y hacer el anjali: «Sea eterna tu gloria, vive alegre diez mil años, tú que me perdonas la vida y la ciudad, oh rey.» Después de habitar allí en la hospitalidad del rey, marchó Puskara a su ciudad, alegre, acompañado de sus parientes, con un gran ejército, con sus sumisos siervos, resplandeciendo su cuerpo como Aditya, oh toro entre los bharatas.

Después de despedir el rey a Puskara opulento e incólume, entró próspero en su ciudad, adornada espléndidamente, y dio ánimos a los ciudadanos, el señor de los nisadhas. Los habitantes de la ciudad y los del campo, con los pelos erizados de alegría, dijeron todos, haciendo el anjali, llevando a los consejeros a la cabeza: «Hoy somos felices, oh rey, en la ciudad y en el campo, venidos otra vez a rendirte homenaje, como los dioses a Zatakratu.»

Satisfecho y alegre Puskara, una vez celebrada una gran fiesta, el rey se llevó consigo a Damayanti, acompañado de un gran ejército. Su padre, el vencedor de los héroes enemigos, después de tratarla espléndidamente le dio permiso para irse, Bhima, el de ánimo inmenso, de terrible valor. Llegada la vidarbha con sus dos hijos, el rey Nala estaba alegre, como los dioses en el Nandana. Y después, llegando en Jambudvipa a una gloriosa distinción entre los reyes, regía otra vez el reino después de recobrarlo, el muy glorioso, y sacrificaba con varios sacrificios según los ritos, acompañados de abundantes regalos sacrificales.

Así el capítulo veintiséis y último de la historia de Nala.

ÍNDICE DE NOMBRES PROPIOS

MITOLOGÍA, LEYENDA, GEOGRAFÍA

ADITYA.—Literalmente significa «hijo de Aditi», diosa que personifica la infinidad del cielo. En singular se refiere, en nuestro poema, a Surya (el Sol), que al igual que la luna es considerado como un dios. En plural se refiere, además de a Surya, a otros varios dioses, entre ellos Varuna.

AGNI.—El fuego y el dios del fuego al mismo tiempo (cfr. latín *ignis*). Considerado como fuego fue arrebatado del cielo por Matarizvan y utilizado en el sacrificio por Visvasvant, el primer hombre. Personificado aparece como amigo de los hombres, defensor contra los malos espíritus, sacerdote doméstico de los dioses. Su epíteto más frecuente es *hutasana* «el devorador de ofrendas» y otros de igual sentido. En la historia de Nala se habla también de él como del que «destruye la tierra y la hace desaparecer», con alusión a las periódicas destrucciones y creaciones del mundo de que se habla en las *Upanisada*.

APSARA.—Las Apsaras son ninfas o divinidades femeninas del cielo de Indra.

ATRI.—Uno de los diez *prajapatis* o progenitores de la raza humana según Manu I 35. En tiempo posterior aparece como uno de los siete *risis* y como primer padre de la dinastía lunar, por ser hijo de Soma (la Luna).

AVANTI.—Avanti, también llamada Ujjayini (de donde el moderno nombre de Oujein), está al norte de la cadena montañosa del Vindhya y se nos presenta como una de las siete ciudades sagradas de la India, capital del rey Vikramaditya (hacia 380-450 de J. C.), muy celebrado por la leyenda y el drama indio.

Ayodhya.—Capital de Rituparna, hoy Oudh, al norte del Vindhya. Su nombre significa «la invencible».

Azvini.—Son dos gemelos (Azvini es un dual) que recorren el cielo a la aurora en su rápido carro (*azvin*= conductor de caballos). No hay claridad sobre el fenómeno natural que representan. Son divinidades benéficas que curan a los enfermos y ayudan a los que están en peligro. Dan un esposo a las doncellas que entran en años y rejuvenecen a los viejos.

Bala.—Demonio vencido por Indra, lo mismo que Vritra. Tenía encadenadas las aguas y al matarlos aquél las liberó haciendo caer la lluvia. Parecen ser los demonios de las nubes, vencidos por el dios de la tormenta. Bala significa «fuerza».

Bhangasur.—Padre de Rituparna, rey de los kozalas.

Bharata.—Los bharatas son una familia principal del norte de la India, conocidos ya por el *Veda*. Toman su nombre de Bharata, hijo del rey Dusyanta y de Sakuntala, la hija de una asceta; a esta familia pertenecen todos los personajes nobles cuyas luchas y aventuras se cuentan en el Mahabharata. En la historia de Nala el término «bharata» se refiere a Yudhisthira, que es el que la escucha.

Bhima.—«El terrible», nombre de diversos guerreros; en la historia de Nala es el rey de los vidarbhas, padre de Damayanti.

Bhogavati.—Los nagas (véase *sub verbo*) habitan en los Patalas, regiones subterráneas en las que viven Nagas y demonios. No deben confundirse con los narakas o infiernos. A veces, los Nagas sólo son atribuidos a uno de los siete patalas o a una región de éste llamada *nagaloka*, «mundo de los Nagas», cuya capital es Bhogavati (adjetivo derivado de *bhoga*, «serpiente, Naga»).

Brigu.—Uno de los diez prajapatis. Es hijo de Manu (Cód. de Manu, I 59) y fue designado por él para promulgar sus leyes ante la asamblea de los *risis*.

Cedi.—Nombre de un país y (en plural) del pueblo que lo habita. Equivale hoy a Bundelkhand. La capital es Zuktimati.

DAITYAS.—Véase Danava.

DAMA.—Hijo de Bhima, hermano de Damayanti; su nombre significa «domador, vencedor».

DAMANA.—Nombre del brahmán que concede sus hijos a Bhima y de uno de estos hijos. Significa igualmente el domador o vencedor.

DAMAYANTI.—Hija de Bhima, esposa de Nala. Propiamente es «la que domina, sujeta».

DANAVA.—Los Daityas y Danavas son demonios que hicieron la guerra a los dioses. Son hijos de Diti y Danu, respectivamente, y del asceta Kazyapa. Fueron vencidos por Indra.

DANTA.—Hijo de Bhima, hermano de Damayanti. El sentido del nombre es «moderado, sin pasiones».

DAZARNAS.—Nombre de un pueblo y del país que habita (al este de Malva).

DVAPARA.—Personificación del *dvaparayuga*. (Véase *sub verbo* Kali).

GANDHARVA.—Son seres divinos, guardianes del *soma*, músicos celestes. A veces, sin razones decisivas, se ha relacionado su nombre con el de los centauros griegos.

IKSVAKU.—Rey de Ayudhya, hijo de Manu y antepasado de Rituparna. Iksvaku es hijo del Sol y fundador de la dinastía solar.

INDRA.—Rey de los dioses en la mitología védica. Tiene muchos rasgos del dios de las tempestades: es dueño del rayo y hace descender la lluvia (véase Bala). Otros elementos de su figura tienden a hacerle un dios de la primavera; pero sobre todo es un dios guerrero y que protege contra los peligros, al que se atribuyen muchos hechos heroicos (véase Danava). Da con esplendidez vacas y riquezas: de ahí su calificación de «liberal» *(maghavān)*. En palabras compuestas, Indra significa «rey de», «el más poderoso de». Otro nombre de Indra es Zakra.

INDRASENA.—Hija de Nala y Damayanti.

INDRASENO.—Hijo de Nala y Damayanti. Es un nombre frecuente que significa «lanza de Indra».

JAMBUDVIPA.—Uno de los siete continentes de la tierra. Está situado en el centro de los otros, y a su vez en su centro está el monte Meru, alrededor del cual giran los astros. Su nombre significa «isla del *jambu*» (escaramujo), por el arbusto que crece en una de las cuatro montañas que rodean al monte Meru. La mejor de las zonas de Jambudvipa (rigurosamente descritas) es el *Bharatavarsa*, la parte del mundo en que vivimos, que, por tanto, se refiere a la India. Toda esta geografía es, naturalmente, fantástica y puramente especulativa.

JIVALA.—Auriga de Rituparna.

KALI.—Es la personificación del *kaliyuga*. Según ideas que aparecen en el *Mahabharata* (aún no en los *Vedas)*, una edad del mundo se compone de cuatro *yugas* llamados *krita-, tetrā-, dvāpara-* y *kali-yuga:* duran respectivamente 4000, 3000, 2000 y 1000 años de los dioses (un año de los dioses = 360 años de los hombres). Los *yugas* equivalen a las edades de metal de la mitología griega: cada uno es peor que el anterior. En el *kaliyuga* (en el cual vivimos) apenas hay conocimiento del *Veda,* justicia ni sacrificios: las pasiones retardan la liberación del alma de las reencarnaciones. Los nombres están tomados de las caras de los dados de 4, 3, 2 y 1 puntos respectivamente; así Kali es el dios malvado de una época impía y su nombre es el de la cara del dado que pierde.

KANDARPA.—Dios del amor. También se le llama Manmattha y, más frecuentemente, Kama (no en la historia de Nala). Véase Manmattha.

KARKOTAKA.—Naga liberado por Nala de la maldición de un asceta y que le ayudó a recobrar su fortuna.

KAUNTEYA.—Significa «hijo de Kunti». Kunti es la esposa de Pandu y, por tanto, equivale a Pandava (excepto para los hijos de Madri, la otra esposa de Pandu). Aquí se refiere a Yudhisthira.

KAURAVA.—«Descendiente de Kuru», uno de los sucesores

de Bharata. Los kauravas fueron durante mucho tiempo la rama dominante de los bharatas, y kaurava llega a equivaler a bharata aun cuando en el *Mahabharata* se describe la lucha de los kauravas y los pandavas, otra rama de los bharatas. Esta es la razón de que Yusdhisthira, un Pandava, sea llamado también Kaurava en nuestro poema.

KEZINI.—Camarera de Damayanti.

KOZALA.—Nombre de un país de la India y del pueblo guerrero que lo habita. Es la comarca cuya capital es Ayodhya (Oudh, al norte del Vindya), pero también la región de Kattisgarth, al sur de la cadena citada. A esta última región parecen referirse las instrucciones de Nala en el capítulo IX.

KUNDINA.—Capital de los vidarbhas.

MANIBHADRA.—En XII 130 es rey de los Yaksas y parece probable que sea Kubera, que normalmente recibe este título. Pero en XIII 22-23 es distinguido de Vaizravena (= hijo de Vizrava, o sea Kubera). De todos modos, su nombre («resplandeciente de joyas») significa algo semejante a Ratnagarbha («lleno de joyas»), otro nombre de Kubera.

MANMATTHA.—Amor y dios del amor; otros nombres son Kama y Kandarpa. Aparece ya en el *Atharvaveda* y es muy celebrado en la poesía sánscrita clásica. Como esposas se le asignan Rati y Priti. Comúnmente se le representa como un bello joven montado en un papagayo y rodeado de ninfas, una de las cuales lleva su bandera que ostenta un *makara* (animal marino) sobre un fondo rojo.

MANU.—Según la leyenda india, padre del género humano y primer ordenador de la sociedad. Su padre, Brahma, al crear el mundo le comunicó los preceptos que él divulgó en el llamado código de Manu *(Manavadharmaszāstra)*, en el que se reglamenta rigurosamente la vida de las cuatro castas. En realidad esta obra es una compilación de entre el siglo II a. de C. y el II d. de C., que contiene ideas a veces contradictorias, algunas de origen muy antiguo.

MARUT.—El viento es representado por un dios llamado

Vayu o Vata; los vientos se personifican en los Marut, jóvenes que van en carros y hacen llover. Son compañeros de Indra e hijos de Rudra (más tarde de Diti).

MATALI.—Auriga de Indra.

NAGA.—Designa a las serpientes susceptibles de ser divinizadas y antropomorfizadas. El rey de los nagas (título de las grandes serpientes) puede tomar forma humana, pero su verdadera forma es la de serpiente. En el arte las representaciones van de la simple serpiente (generalmente con varias cabezas), al hombre coronado de una aureola de serpientes. Karkotaka en nuestro poema fluctúa entre la forma de serpiente y la humana, sin estar bien definido.

NAHUSA.—Un antiguo rey, padre de Yayati, cuyas aventuras se cuentan en el Mahabharata.

NALA.—Rey de los nisadhas, protagonista del presente relato. Sobre su identificación, véase la Introducción.

NANDANA.—Es en realidad un adjetivo que significa «que alegra»; como sustantivo neutro equivale a «felicidad» y también, como aquí, al paraíso de Indra en el cielo.

NARADA.—*Risi* de origen divino que hace de mensajero de los dioses.

NISADHA.—País y pueblo del noroeste de la India; su rey es Nala.

PANDAVA.—Patronímico de los hijos de Pandu y de sus dos mujeres, Kunti y Madri. Los cinco pandavas forman uno de los dos bandos cuya lucha describe el *Mahabharata* y gozan de la preferencia del poema. En nuestro episodio se alude con este nombre a Yudhisthira.

PARNADA.—Nombre de un brahmán.

PARVATA.—Lo mismo que Narada, pero menos conocido.

PAYOSNI.—Río que baja del Vindhya. Su nombre es «caliente como la leche».

PIZACA.—Son espíritus malignos. Igual que los Raksas, comen toda clase de carnes (cosa abominable: Manu, V 27, etc.). *Pizacavat*, «semejante a un pizaca», se dice de uno que no sigue la ley. Pizaci es el femenino de Pizaca.

PUSKARA.—Hermano de Nala. Es llamado rey, y gobierna una ciudad de los nisadhas.

RAHU.—Nombre del dragón que causa los eclipses al devorar al sol o a la luna.

RAKSA.—Son demonios nocturnos que de ordinario son dañinos y estorban el sacrificio y las devociones de los ascetas. Así, en *Sakuntala,* acto 3, fin. Posiblemente son los habitantes prearios de la India transformados mitológicamente. En el *Mahabharata,* los Raksas, comedores de carne humana, son muertos varias veces por los héroes del poema. Otra forma del nombre es Raksasa; el femenino, Raksasi.

RATI.—Es el placer carnal personificado como esposa de Kama (el Amor).

RAVI.—El sol divinizado. Ya antes ha sido mencionado con el nombre de Aditya; su nombre más frecuente es Surya.

RIKSAVANTI.—Una montaña en la cadena del Vindhya. Significa «llena de osos».

RITUPARNA.—Rey de Ayodhya entendido en la ciencia de los dados y de los números, a cuyo servicio entra Nala cuando adopta la forma de Vahuka.

ROHINI.—Una de las 50 ó 60 hijas del *prajapati* Daksa; 27 de ellas se casaron con la luna (Soma en masculino en sánscrito) y son la personificación de las 27 lunaciones. Rohini («la roja») es la personificación de la estrella Aldebarán y del día lunar que le corresponde. La leyenda de Rohini y la luna está contada ampliamente en el *Mahabharata.*

RUDRA.—Dios de las tormentas que ya aparece en los *Vedas,* arquero terrible que lleva la destrucción *(raudra* significa terrible en Nala, XII 20). Más tarde se identifica con Siva en su función destructora y también en la generadora. En plural se expresan las manifestaciones de sus atributos; a veces los

Rudras son identificados a los Marut (hijos de Rudra). Como con todos los dioses destructores, se ora para evitar su enemistad.

SOMA.—La luna divinizada. Este nombre (el más frecuente es Candrama), viene de su identificación con el *soma* (véase nota 80), jugo de una planta usado en el culto y divinizado ya en la época védica.

SUBAHU.—Rey de Cedi. Su nombre es «el de fuerte brazo».

SUDAMAN.—Rey de los dazarnas, abuelo materno de Damayanti y de su prima Sunanda. Su nombre significa «el de la bella guirnalda».

SUDEVA.—Nombre de un brahmán.

SUNANDA.—Hija de Subahu, rey de Cedi, y de la tía materna de Damayanti; por tanto, prima de ésta.

VAHUKA.—Nombre tomado por Nala al ser cambiado de forma por Karkotaka y entrar como auriga al servicio de Rituparna.

VAIZRAVENA.—Significa «hijo de Vizrava» y es Kubera, el dios de las riquezas. Aparece ya en el *Atharvaveda* y en los textos védicos tardíos y se le llama señor de los Yaksas. El Ramayana y los Puranas relatan de él varias leyendas.

VARSNEYA.—Auriga de Nala; cuando éste se retira a la selva, entra al servicio del rey Ritupara.

VARUNA.—Aparece ya en los *Vedas* como «rey del universo, rey de los dioses y hombres, poseedor de ciencia ilimitada, el dios supremo a quien es rendido todo honor». Tiene un fuerte carácter moral. La relación de su nombre con el griego *uranós*, «el cielo», propuesta a veces, no es clara, pero muchas veces aparece como dios del cielo. Sin embargo, su carácter original no está bien definido y ha dado lugar a muchas hipótesis. En la épica clásica es llamado con frecuencia «señor de las aguas» *(apām patih)*.

VASAVAS.—Los vasavas (plural de Vasu) son caracterizados como hijos de Aditi, igual que los Adityas. Su origen es la representación de fenómenos naturales: son Apa (agua), Dhruva (estrella polar), Soma (luna), Dhara (tierra), Anila (viento), Anala (fuego), Prabhasa (aurora) y Pratyuza (luz).

VAYU.—El dios del viento, también llamado Vata.

VAZISTA.—Uno de los diez *prajapatis* o progenitores de la raza humana mencionados en Manu I 35. Es un gran *risi* y pasa por autor de muchos de los himnos del *Veda*.

VIDARBHA.—Nombre de un país y de sus habitantes. Se supone que es el moderno Berar, al sur del Vindhya; su capital es Kundina.

VINDYA.—La cadena de montañas que, extendiéndose de este a oeste, limita por el sur la cuenca del Ganges.

VIRASENA.—Rey de los nisafhas, padre de Nala, ya muerto cuando tiene lugar la boda de Nala.

VIRAVAHU.—Rey de Cedí, esposo de la tía materna de Damayanti. Cuando tiene lugar la presente narración reina su hijo Subahu. Su nombre significa «el del brazo heroico».

VRIHADAZVA.—*Risi* que visita en la selva a los pandavas desterrados y en cuyos labios figura en el *Mahabharata* la historia de Nala.

VRIHATSENA.—Nodriza de Damayanti.

VRITRA.—Véase Bala.

YAKSA.—Una clase de espíritus o demonios que guardan las riquezas de la tierra. Acompañan a Kubera, el dios de las riquezas, y de ordinario son favorables. El femenino es Yaksi.

YAMA.—Figura mal definida en la mitología india. Aparece a veces como la muerte, otras como el primer hombre (disputando el puesto a Manu y a Vivasvant, que a veces se nos presenta como su padre). El Rig-Veda X 14 explica que al morir como primer hombre halló el camino del otro mundo y desde entonces reina sobre los muertos. En los poemas épicos, además de como dios de la muerte, se nos presenta como juez y defensor de la justicia.

YAYATI.—Hijo de Nehusa, quinto rey de la raza lunar, padre de Puru, el fundador de la estirpe de los pauravas. Se habla de él en el *Mahabharata,* pero no se menciona su sacrificio del caballo.

YUDHISTHIRA.—Hijo de Kunti y de Pandu. Es el mayor de los pandavas; su nombre significa «firme en el combate», y juega un papel muy importante en el Mahabharata. A él refiere Vrihadazva la historia de Nala y en ella aparece frecuentemente interpelado, ya por su propio nombre, ya como pandava, kaunteya, rey, etc.

ZACI.—Diosa esposa de Indra. Como la mayoría de las diosas de la época clásica, tiene un relieve personal poco acusado.

ZAKRA.—Otro nombre de Indra. Literalmente significa «el poderoso».

ZALIHOTA.—Un muni al que se le atribuye un tratado sobre los caballos que pasa por ser el más antiguo.

ZATAKRATU.—«El de los cien sacrificios», sobrenombre de Indra. Se refiere a los sacrificios que realizan los dioses para adquirir poder y ciencia.

ZRI.—Zri, por otro nombre Laksmi, es esposa de Visnu. Diosa de la belleza y la felicidad.

ZUCI.—Es el jefe de la caravana que encuentra Damayanti en la selva. Su nombre significa «brillante, puro».

ÍNDICE

Colección Letras Universales

Títulos publicados

1 *Tragedias completas*, ESQUILLO.
   Edición de José Alsina (2.ª ed.).
2 *Las desventuras del joven Werther*, JOHANN WOLFGANG VON GOETHE.
   Edición de Manuel José González (2.ª ed.).
3 *La casa de los siete tejados*, NATHANIEL HAWTHORNE.
   Edición de Catalina Montes.
4 *De la naturaleza de las cosas*, LUCRECIO.
   Edición de Agustín García Calvo.
5 *Cantar de Roldán.*
   Edición de Juan Victorio.
6 *Amoretti & Epithalamion*, EDMUND SPENSER.
   Edición bilingüe de Santiago González Corugedo.
7 *Historia del caballero des Grieux y de Manon Lescaut*, ABATE PRÉVOST.
   Edición de Javier del Prado.
8 *Estancias, Orfeo y otros escritos*, ÁNGEL POLIZIANO.
   Edición bilingüe de Félix Fernández Murga.
9 *El mercader de Venecia. Como gustéis*, WILLIAM SHAKESPEARE.
   Edición del Instituto Shakespeare, de Valencia, bajo la dirección de M. A. Conejero.
10 *Tartufo*, JEAN-BAPTISTE POQUELIN, «MOLIERE».
   Edición de Encarnación García Fernández y Eduardo J. Fernández Montes (2.ª ed.).
11 *Errores y extravíos*, THEODOR FONTANE.
   Edición de Ana Pérez.
12 *La trágica historia de la vida y muerte del doctor Fausto*, CHRISTOPHER MARLOWE.
   Edición de Julio César Santoyo y José Miguel Santamaría.
13 *Tragedias completas*, SÓFOCLES.
   Edición de José Vara Donado.

DE PRÓXIMA APARICIÓN

Trópico de Cáncer, HENRY MILLER.
    Edición de Berndt Dietz.
Trópico de Capricornio, HENRY MILLER.
    Edición de Berndt Dietz.
La Princesa de Clèves, MADAME LA FAYETTE.
    Edición de Ana María Holzbacher.
Roman de la Rose, LARRIS y MEUNG.
    Edición de Juan Victorio.
Hotel Savoy, JOSEPH ROTH.
    Edición de Rosa Piñel.